KB261317

행복을 심다

정병선

행복을 살다

지은이　　정병선
초판발행　　2012년 1월 5일

펴낸이　　배용하
편집　　박민서
등록　　제364-2008-000013호
펴낸곳　　**도서출판 대장간**
　　　　www.daejanggan.org
　　　　대전광역시 동구 삼성동 285-16

ISBN　　978-89-7071-242-0

값 13,000원

삶은 소유할 수 있는 그 무엇이 아니다.
쌓아 놓을 수 있는 그 무엇이 아니다.
삶은 로고스 덩어리다.
삶은 깊이 읽어야 할 최고의 책이다.
삶은 읽어가는 길이다.
삶은 '읽음' 그 자체다.

환상이나 궤변으로 도피함 없이,

내일이면 훨씬 나아지리라는 희망 없이,

어떤 희생을 감수하고라도

기대하지 않은 뜻밖의 완벽한 행복을 만들어내려는 추구 없이

행복해야 한다.

이 순간을 절정으로 살아라.

내일 불행이 찾아올 것이다.

내일을 염려하지 마라.

| 자끄 엘륄 |

차 례
C O N T E N T S

생명을 얻게 하고 더 풍성히 얻게 하는 글

정 동 섭 | 가족관계연구소 소장; 한동대 외래교수; Ph.D.

한국교육개발원의 "2010년 교육여론조사"에 따르면, 자녀교육의 목적을 복수로 응답하는 질문에 '좋은 직업을 얻을 수 있는 조건을 갖춘다'라고 응답한 비율이 40.8%였고, '성공, 출세할 수 있는 기초를 닦는다'가 34.7%로 뒤를 이었다. 부모의 75% 정도가 자녀교육의 목적을 성공하는 자녀를 키우는데 두고 있다고 응답했으며, 교육의 목적이 '행복한 생활을 할 수 있는 아이로 키우는 것'이라고 응답한 사람은 33.9%에 불과했다.

자녀교육의 성공 의미에 대해서도 47.3%가 '좋은 직장에 취직하는 것'을 선택했고, '인격을 갖춘 사람으로 성장하는 것'(39.1%)이나 '하고 싶고 좋아하는 일을 하는 것'(36.2%) 등의 응답은 그보다 낮았다. 문화일보. 2010. 11. 16

잘 사는 것은 모든 사람의 소망이다. 국가의 궁극적 역할 역시 모든 국민이 잘살도록 하는 데 있다고 하여도 과언이 아니다. 그렇다면, 세계 속에 견주어 볼 때 현재 한국인들은 얼마나 잘살고 있을까? 우리나라는 세계 10위권의 경제 대국으로 성장했다. 그런데 생활만족도에서는 세계 178개국 가운데, 102위를 차지하고 있으며, OECD 34개 회원국 가운데 26위로 행복지수는 매우 낮은 것으로 드러나고 있다. 1인당 국민소득이 2만 달러 수준으로 높아졌는데도 삶의 질은 왜 바닥을 맴돌고 있으며, 행복지수가 하위권에 머무르는 이유는 무엇인가? 과거보다 잘살게 되었는데 왜 그 많은 사람이 이혼을 선택하고, 우울한 사람들은 늘어가고, 하루 42명꼴로 자살을 선택하고 있는가? 우리나라 사람들의 삶의 목적과 정향orientation, 그리고 삶의 방식에 무슨 이상이 있는 것 아닌가?

사람은 무엇을 위해 사는가? 인생의 목적과 의미는 무엇인가? 행복은 무엇이며 행복의 조건은 무엇인가? 무엇이 있으면 행복한가? 돈이나 성공에, 그리고 쾌락에 행복이 있는가? 과학기술의 발달에 행복이 있는가? 행복은 우리 모두의 궁극적 관심사이며 궁극적 가치이다. 저자 정병선 목사님은 이 책에서 우리 모두가 던지는 근원적이고 본질적인 질문에 차근차근, 진정한 행복을 구가하셨던 예수님의 제자로서, 21세기를 살아가는 목사로서, 예리한 '선지

자'의 눈을 가지고 설득력 있게 명쾌한 답변을 제시하고 있다.

특히 저자의 행복에 대한 일곱 가지 오해와 편견, 성공과 행복의 역설, 잘못된 신앙에 대한 신랄한 비판, 긍정의 눈과 긍정적인 눈의 차이, 고통과 죽음이라는 현실과 행복을 대비하여 설명한 부분은 독자에게 많은 깨달음을 준다. 행복을 ①감각적 행복, ②사회적 행복, ③심미적 행복, 그리고 ④전인적 행복의 네 가지 차원으로 나누어 설명한 것도 진정한 평안과 기쁨, 감사를 누리는 삶을 추구하는 독자들에게 배움의 즐거움을 안겨줄 것이다. 신구약 성경은 물론 김구, 어거스틴, 베르줄리, 프롬, 마이어스, 에머슨, 루이스, 송명희, 도스토옙스키 등 동서양을 넘나드는 방대한 독서량을 배경으로 깊은 묵상과 사색에서 나오는 정병선 목사님의 글에서 우리는 '행복한 삶을 위한 농축된 지혜'를 만날 수 있다.

이 책은 21세기를 살아가는 그리스도인들에게 일상적 삶의 현장에서 어떤 정체감과 가치관을 가지고 살아야 하는가를 거시적이면서도 구체적으로 제시하고 있다. 의미 있는 삶, 자족하는 삶, 행복한 삶을 살고 싶어 하는 모든 이들에게 일독을 권한다.

고난이 그를 思想家로 만들었다

강 경 민 | 일산은혜교회 담임

고난이 그를 思想家로 만들었다.

행복은 추구할수록 더 멀어진다는 것이 나의 행복론이었다. 행복은 하나님께 순종할 때 하나님께서 거저 주시는 선물이라고 믿었기에 행복에 관해서는 아예 생각 자체를 하지 않는 것이 순수함이라고 믿고 살아왔다.

그래서 나의 절친 정병선 목사가 무슨 행복에 관한 책을 쓴다기에 시큰둥한 반응을 보일 수밖에 없었다. 건강도 좋지 않은 사람이 괜한 에너지 소비하지 말라고 말하고 싶었다.

그런데 어느 날 글을 완성했노라고 원고를 보내주었다. 슬슬 훑어보려니 했다가 시간 가는 줄 모르고 꼼꼼히 책을 다 읽었다.

그리고 휴대전화를 들었다.

"정 목사, 괜히 아픈 게 아니네. 아픈 게 손해만은 아니야!"라고 소리치듯 말했다.

정병선 목사, 그는 진실한 사람이다. 그는 진리에 목마른 사람이다. 그래서 그는 항상 헤매는 사람이다. 그는 너무나 이상적인 사람이다. 아마도 그것이 그의 큰 단점일 것이다. 이상적인 사람이기에 그는 머무르지 못한다.

그는 오늘 자신이 도달한 진리의 극점에 안주하지 못하는 사람이다. 그래서 그는 끝없이 탐구한다. 이것이 그의 삶을 피곤케 한지도 모른다. 그런데 그의 이상과 구도적 열정이 마침내 오늘 "행복을 살다"는 값진 열매를 맺었다.

정병선 목사의 『행복을 살다』는 저명한 사상가들의 생각들을 놀라울 정도로 많이 인용했다. 그가 '책벌레' 라는 것은 알고 있었지만 그렇게 많은 책에서 적절한 내용을 적실하게 인용할 수 있다는 것이 놀랍다.

그러나 나에게 진정 감동을 준 것은 인용된 그 많은 사람의 사상적 편린 때문이 아니다. 그는 자신의 사상을 당당히 이야기하고 있다. 마치 바리스타의 달인이 끓여낸 커피 한 잔의 향기처럼 책의 모든 글에서 그의 사상이 묻어난다.

정병선 목사의 행복론은 그 자신의 이야기요, 그 자신의 사상思

想이다. 행복은 사람이 만든다는 생각도 배제하고, 행복은 신의 선물이기에 행복 자체를 추구하는 것은 어리석은 일이라는 극단도 배제하고 신의 피조물로서의 인간의 존재성을 철두철미하게 인정하면서도 하나님이 허락하신 자유의지를 선용하므로 인간은 마땅히 "행복해야 할 책임적 존재임"을 깨우쳐 주는 참으로 멋진 책이다.

『행복을 살다』는 죽음과 삶의 경계선을 몇 번이나 드나들었던 고난의 열매다. 모든 것이 합력해서 선을 이룬다는 뜻이 무슨 의미인가를 보여 주는 또 하나의 아름다운 열매이다.

모든 삶은 행복이어야

　세상에서 가장 소중하고 위대한 것은 인생이고, 인생에서 가장 값지고 영광스러운 것은 삶이다. 인생은 삶을 살라고 주어진 살림터이지 성공을 거머쥐기 위해 내달려야 하는 싸움터가 아니다. 인생은 읽어야 할 책이고, 감사해야 할 선물이다. 많은 것을 경험하고, 깊이 느끼고, 세상과 대화하면서 삶의 속살을 들여다보라고 주어진 값진 선물이다.

　물론 인생은 어떤 암초에 걸려 파선할지 모르는 항해와도 같다. 어떤 지뢰를 밟고 자폭할지 알 수 없는 지뢰밭과도 같다. 생존을 위해 무릎을 꿇어야 하는 굴욕이기도 하고, 알면서도 어둠에게 끌려가는 반역이기도 하며, 피하고 싶어도 피할 수 없는 운명 같은 것이기도 하다. 멀리서 바라보면 인생의 짐이 가벼워 보이는 사람도 있지만, 가까이에서 보면 그런 사람은 없다. 누구나 진흙탕 속에서 먼지를 호흡하며 살아간다.

그러나 인생보다 더 아름답고 소중하고 위대하고 복된 것은 없다. 인생보다 더 환영하고 기뻐할 만한 것은 없다. 날마다 경탄하고 기뻐하며 행복의 어깨춤을 추어도 부족한 것이 인생이다. 날마다 새로운 선물보따리를 풀어보는 재미로 살아도 턱없이 부족할 만큼 기이하고 다차원적이며 풍요로 넘치는 거대한 선물보따리가 인생이다.

사실이다. 인생은 불행이라는 지뢰가 박혀있는 골짜기이기도 하지만 행복이라는 보석이 숨어있는 동산이기도 하다. 영원히 지워버리고 싶을 만큼 불쾌하고 잔혹한 것이기도 하지만 무엇과도 바꿀 수 없을 만큼 소중하고 눈부신 것이기도 하다. 그래서 인생은 욕망의 기차를 타고 불행의 나락으로 추락할 수도 있고, 삶의 나래를 펴고 행복의 창공으로 비상할 수도 있다. 끝없는 싸움길이 될 수도 있고, 즐거운 소풍길이 될 수도 있다.

그렇다면 우리네 인생살이는 어떤가? 끝없는 싸움길을 가고 있는가, 즐거운 소풍길을 가고 있는가? 아마 많은 이들이 세상과 삶 속에 깊이 숨어있는 풍요와 신비에 눈떠가는 소풍길을 가지 못하고 있을 것이다. 조물주가 베풀어준 선물 꾸러미를 풀어보는 재미와 진리를 탐구하는 신나는 모험을 하지 못하고 있을 것이다. 내일의 성공을 위해 오늘의 불행을 감수하고 있을 것이다. 힘들고 어렵지만 참고 견뎌내야 내일 행복할 수 있다고 믿으며 기꺼운 마음으로 오늘의 불행을 감수하고 있을 것이다. 필자 역시 행복의 중요성에 눈뜨지 못한 채 살아왔다. 행복을 인생의 최우선순위로 삼지 않고 살아왔다. 그런데 나이 오십이 되고, 간경화라는 무거운 질병과 시름하면서 뒤늦게 '행복' 이라는 화두에 눈을 떴다. 그것도 숲길에서.

나는 삼십대 중반부터 산책을 즐겨왔다. 설교를 준비하다가 생각이 막히거나 바깥 공기를 호흡하고 싶어질 때면 집을 빠져 나와 홀로 산책을 하곤 했다. 만성 간염이 간경화로 악화되어 담임목사직을 사임한 사십대 후반부터는 더 열심히 산책을 했다. 때로는 아내와 함께, 때로는 홀로 숲길을 걸었다. 자연 속에 몸을 맡긴 채 홀로 숲길을 걷다보면 생각지 않은 사색의 오솔길로 들어설 때가 있다. '행복' 이라는 화두에 눈뜬 날도 그랬다. 무너져가는 몸을 이끌고 산책을 하며 소일하던 그날도 언제나처럼 크고 작은 활엽수들로 빽빽한 동네 산길을 홀로 걷고 있었다. 그런데 갑자기 이십대 시절에 즐겨 묻던 질문이 툭 튀어나왔다. "인생에서 가장 중요한 것이 뭘까?" 난데없이 튀어나온 질문이 뇌 속에 전달되었다. 그러자 뇌는 싫은 기색 하나 없이 곧바로 움직이기 시작했다. 인터넷보다 더 빠른 속도로 지나온 삶과 미래의 삶까지 종횡무진 휘저으며 질문을 검색하는 거였다. 그러더니 두 단어를 보란 듯이 내놓았다. '진실' 그리고 '행복'

'진실' , 매우 익숙한 낱말이었다. 내 삶을 돌아보면 치열하진 않았지만 꾸준히 추구해 온 것이 바로 진실이었다. 하지만 '행복' 이라는 낱말은 왠지 생뚱맞다는 생각이 들었다. '과연 그럴까? 행복이 정말 인생에서 가장 중요한 것일까? 라는 본능적인 의구심이 솟구쳤다. 행복이 인생에서 가장 중요한 것이라는 뇌의 검색이 영 내키지 않았다. 그러나 그것은 잠시였다. '행복이 인생에서 중요한 것일까?'를 묻는 사이 '행복'이라는 낱말은 살아 움직이기 시작하더니, 점점 커지면서 일순간에 나를 압도해버리는 거였다. 그랬다. '행복'은 하나의 낱말이 아니었다. 그건 불이었다. 활활 타오르는 불이었다. 내 영혼과 심장을 뜨겁게 달구는 불이었다. 내 영혼과 심장뿐 아니라 온 세상과 삶을 뒤덮어버리는 불이었다. 나는 그 자리에서 '모든 삶은 행복이어야 한다!'는 화두에 붙잡히고 말았다.

그건 충격이었다. 그동안 '모든 삶은 행복이어야 한다'는 명제를 놓치고 살았다는 것도 충격이었지만, '모든 삶은 행복이어야 한다'는 명제 자체가 가히 충격이었다. 그동안 행복에 대해 설교도 했고, 생활 속에서 수없이 듣고 말해왔음에도 '행복'이라는 언어가 사실은 죽은 언어였다는 것이 정말 충격이었다. 지나치게 호들갑을 떠는 것이라고 생각할지도 모르겠다. 하지만, 필자에게는 '충격'이라는 언어 외에는 표현할 길이 없는 일대 사건이었다. 그래서 지금도 그 날을 잊지 못한다. 아니, 잊을 수가 없다. 그 날은 '행복'

이라는 낱말이 내 인생 속으로 들어온 날이었고, 죽었던 언어가 되살아난 날이었다. 그리고 살아난 언어가 내 생각과 삶을 만지기 시작한 날이었다. 필자가 지금 이 글을 쓰는 것도 그 날의 언어 사건이 있었기 때문이다. 낱말 하나가 인생의 흐름을 바꾸었기 때문이다.

그 날부터 나는 인생의 모든 것을 '행복'이라는 렌즈를 통해 새롭게 읽기 시작했다. '모든 삶은 행복이어야 한다'는 눈으로 삶을 관찰하기 시작했다. 그러자 이전에는 보이지 않았던 새로운 진실들이 눈에 들어오기 시작했다. 다들 행복을 갈망하면서도 원하는 바 행복은 추구하지 않고 행복과는 거리가 먼 것들만 쫓고 있다는 것, 정말 집중해야 할 삶에는 집중하지 않고 생활에만 넋이 빠져 있다는 것, 행복하게 사는 법을 배운다 해도 그저 단방약을 처방받는 것처럼 여기저기 떠도는 쉽고 간단한 비방에만 귀를 기울인다는 것, 무조건적인 승리·좀 더 높은 명예·좀 더 많은 돈·좀 더 많은 권력을 손에 넣기 위해 모든 정력을 쏟고 있다는 것, 내일의 성공을 위해 오늘의 불행을 감수하고 있다는 것 등의 진실들이 눈에 들어왔다.

사실이다. 우리는 지금 내일의 행복을 위해 오늘의 불행을 감수하고 있다. 지금 행복해야 하는데…지금의 행복은 인생의 전당포에 맡겨 놓은 채 경쟁에서의 승리에만 골몰하고 있다. 마치 승리가 삶의 전부인 것처럼. 승리에 행복이 있기라도 한 것처럼.

하여, 나는 '행복'이라는 렌즈를 통해 새롭게 읽은 삶의 이야기, '행복'이라는 렌즈로 인생을 들여다보면서 발견한 작은 진실들을 조심스레 얘기하려 한다. 행복에 대한 심리적인 접근, 기술적인 방법론을 또다시 반복하려는 건 아니다. 필자는 '행복'을 '삶'이라는 창을 통해 들여다보려 한다. 진솔하면서도 실제적인 지혜의 눈으로 우리 모두의 지극한 현실을 들여다보고, 그 속에 숨어 있는 행복이라는 보물을 말해보려 한다. 기술과 지식의 범람 속에서 놓치고 있는 지혜를 얘기해보려 한다.

바라기는 이 책과의 만남이 인생과 깊이 대화하는 시간이 되었으면 좋겠다. 삶의 속살을 찬찬히 들여다보는 반추의 시간이 되었으면 좋겠다. 인생이라는 값진 선물을 새롭게 발견하고 기뻐하는 은총의 시간이 되었으면 좋겠다. '죽임'의 문화에 깊이 젖어있는 우리의 현실을 발견하고 '살림'의 문화로 전환하는 작은 변화의 계기라도 될 수 있다면 더할 수 없는 기쁨이겠다. 시인 천상병은 고단하고 가난한 인생살이에도 "아름다운 이 세상 소풍 끝내는 날, 가서, 아름다웠더라고 말하리라!"「귀천」라고 노래했다. 시인처럼 우리의 인생길도 행복한 소풍길이 될 수 있으면 좋겠다.

2011년 11월 용인 맹골에서 저자 **정 병 선**

제**1**부

행복한 삶을
말하기 전에

왜 행복을 말하는가?

행복은 삶의 원형

행복에 대한 일곱 가지 오해

1   왜 행복을 말하는가?

인생을 살면서 반드시 배워야 할 것 두 가지가 있다. '사랑하며 사는 법'과 '행복하게 사는 법'이다. 이 두 가지를 배우는 것이야말로 배움의 근본이고 삶의 근본이다. 미국의 알바니 프리스쿨에서 아이들을 가르치는 크리스 메르코글리아노는 교육의 방향이 행복을 지향해야 하는 이유를 이렇게 말했다. "인생의 끝에 이른 어느 날 아침 깨어나서, 슬프게도 내가 올라 온 사다리가 엉뚱한 벽에 기대어져 있었다는 사실을 발견하길 바라지 않는다면 사람은 자신의 행복을 좇아가야 한다."『두려움과 배움은 함께 춤출 수 없다』옳다. 마땅히 그래야 한다. 그런데 사람들은 의외로 사다리를 어느 벽에 놓아야 할지는 생각지 않고 사다리 오르기에만 바쁘다. 사다리를 높이 오르고 나면 거기에 행복이 있을 거라고 기대하면서 사다리를 빨리, 그리고 높이 오르기에 정신이 없다.

지금 우리네 인생살이는 마치 영혼 없는 몸이 바쁘게 활동하고 있는 것과 비슷하다. 다들 열심히 살고는 있는데 삶의 중심, 삶의 영혼, 삶의 보물인 행복은 빠져 있다. 모든 삶은 행복이어야 하고, 행복이야말로 삶의 중심, 삶의 영혼, 삶의 보물인데 오늘 우리네 인생살이에는 행복이 빠져 있다.

우리 사회의 두 얼굴

우리의 내면과 삶의 현실을 조금만 들여다보자. 한국인은 매우 열정적이고 진취적이다. 예술적 감성과 정이 넘친다. 의지와 도전 정신이 강하다. 위기와 역경을 돌파해내는 능력도 뛰어나다. 그래서 세계 역사상 가장 짧은 시간에 정치적 민주화와 경제적 선진화를 이루어냈다. 일제의 수탈과 6.25전쟁으로 전 국토와 생활의 기반이 초토화되었던 폐허를 딛고 60년 만에 경제부국을 이루었다. 국가경제규모GDP-Gross Domestic Product로는 세계 12위 국가가 되었고, 삼성전자 제품은 세계 TV 시장의 20%를 점유하고 있으며, LG전자도 3위 자리를 굳게 지키고 있다. 최근 들어 변화가 없진 않지만 조선업체들의 선박 수주량은 세계 1~5위를 싹쓸이했을 정도다. 반도체, 휴대전화, 자동차도 세계적인 경쟁력을 자랑하고 있다. 문화적으로도 한류 열풍이 아시아의 담을 넘어 유럽과 세계로 점차 확대되고 있다. 정말 꿈같은 일이 아닐 수 없다.

나는 이처럼 놀랍게 변화한 한국의 현실에 긍지와 자부심을 느낀다. 뜨거운 열정으로 일구어낸 그동안의 성취에 경외의 심정을 느낀다. 그러나 동시에 깊은 연민과 안타까움 또한 금할 길이 없다. 다 아는 것처럼 우리 사회는 매우 거칠고 공격적이며 눈에 보이는 결과 중심의 사회, 생각하는 것을 싫어하고 기피하는 천박한 물신物神 사회가 되었다. GDP는 세계 12위이지만 국민들이 느끼는 행복지수는 경제규모에 걸맞지 않은 102위로 바닥권이다(2006년 발표된 영국의 신 경제학 재단의 행복지수와 영국 레스터대학 에이드리언 화이트 교수의 세계행복지도에서 한국은 공히 102위로 최하위권임).

그렇다. 실로 많은 것을 성취하기는 했는데 사람이 살만한 사회를 이루는 데는 실패했다. 외적인 성취는 화려한데 삶의 내실은 심히 빈곤하다. 생활에 영혼이 깃들어 있지 않고, 삶의 여백이 부족하다. 압축 성장이라는 지상 목표를 달성하기 위해 앞만 보고 달려온 그간의 속도에 아직도 떠밀려가고 있다. 반만년의 오랜 가난을 극복하고 민주화를 실현하기는 했지만 우리 민족 특유의 해학과 정은 오히려 메말라가고 있다. ‘우리도 한 번 잘 살아보자’는 국민적 의지가 돈 밖에 모르는 천민자본주의 사회를 낳고 말았다. 매사가 공격적이며 툭하면 욕이고 큰소리이다. 보건복지부가 올해 ‘자살 예방의 날’ 9월 10일을 맞아 발표한 자살 관련 통계에 따르면 인구 10만 명당 자살사망자2009년 기준는 28.4명이다. 경제협력개발기구OECD 회원국33개국 중 가장 많다. 통계청 조사에 의하면 2009

년 자살사망자 수가 무려 1만5천413명이었다고 한다. 하루 평균 42.2명이 자살로 목숨을 끊었다. 이는 전년의 1만2천858명에 비해 19.9% 늘어난 것이고, 10년 전인 1999년3천133명과 비교하면 무려 5배 이상이나 된다.

하여, 마음 한 편으로는 '대한민국! 파이팅!'을 외치면서도 자본 앞에서 비굴하기 그지없는 우리의 허접스러움이 속상하고, 성공의 파랑새를 좇느라 텅 빈 삶의 공허가 안타깝다.

외화내빈의 사회가 된 까닭 ✤

우리의 지난날은 달랐다. 먹고 사는 일은 빈궁했어도 나눔과 웃음은 잃지 않았다. 극심한 국난과 궁핍을 해학으로 승화하고 정으로 이겨냈다. 한恨을 흥興으로 풀어냈다. 그런데 세계 12위의 경제 규모를 자랑하는 오늘 우리의 삶은 행복지수가 바닥을 맴돌고 있다. 삶에 대한 에너지와 열정은 넘치는데 내부 갈등이 심하고, 공격적이며 천박하고 거칠다.

왜일까? 왜 과거보다 더 천박해진 걸까? 왜 자살 하는 자들이 늘어만 가는 걸까? 핵심적인 원인 하나를 꼽는다면, 달리던 걸음을 멈추고 성찰해야 할 때 성찰하지 않았기 때문이라고 생각한다. 사실 1960년대와 70년의 경제개발시대를 호령했던 '잘 살아보세' 라는 구호는 1980년대 중반이나 후반에는 막을 내렸어야 했다.

'우리도 한 번 잘 살아보자'는 가치가 1970년대까지는 한국 사회에 유익한 처방이었는지 모르나, 1980년대 중반쯤에는 새로운 처방전을 제시했어야 했다. 앞을 향해 달리던 속도를 조절하고 숨고르기를 해야 했다.

그런데 개발독재와 군부독재에 항거하여 정치적인 민주화를 이루어내는 일에는 성공했으나 개발독재와 군부독재의 가치관을 넘어서는 일에는 실패했다. 50년만의 수평적인 정권교체를 통해 개발독재시대의 가치관을 극복할 수 있는 뒤늦은 기회가 없지는 않았으나, 그마저도 1997년의 국제통화기금IMF 경제위기에 발목이 잡히고 말았다. 경제위기 이후부터 새해가 되면 '부자 되세요'라는 덕담을 주고받는 것을 보아도 '잘 살아보자'는 개발독재시대의 가치관이 여전히 우리의 정신을 지배하고 있다는 것을 알 수 있다.

사실이다. 우리는 지난 반세기동안 세계 여느 국민과 비교할 수 없을 만큼 치열하게 일했다. '빨리 성공하자', '남보다 더 크게 성공하자', '나도 하면 된다'고 스스로를 다그치며 누구랄 것도 없이 숨 가쁘게 달려왔다. 그때는 정말 먹고 사는 문제를 해결하는 것이 절실했기 때문에 삶을 가꾸고 돌볼 여유가 없었다. 행복을 말하는 것조차 사치라고 생각될 정도였다. 하지만 경제 사정이 기적처럼 좋아진 지금은 달라야 한다. 걸음을 멈추고 조용히 성찰해야 한다.

지난날 압축 성장을 위해 악착같이 달려왔던 것처럼 계속 살아야 하는 것인지를 물어야 한다. 사람이 땀 흘리며 애쓰는 이유가 단지 경제규모를 크게 하는 것이거나 경쟁에서 승리하는 것이 아님을 기억하고 성장지상주의를 검토해야 한다. 외화내빈의 삶을 극복하기 위한 처방을 고민해야 한다. 그런데 우리는 아직도 더 많은 파이를 차지하기 위해 삶을 저당잡고 있다. 파이는 커졌지만 커진 파이를 차지하기 위한 경쟁은 더욱 치열해지고 있다.

새로운 전환을 위해

스스로에게 물어보자. 몸을 무리해가면서까지 애쓰고 수고하는 이유가 어디에 있는지를. 아침부터 밤늦게까지 쉬지 않고 일하는 이유가 무엇인지를. 단지 소유를 눈덩이처럼 키우기 위해서인가? 높은 자리에 올라 호령하기 위해서인가? 사람들과 사회로부터 인정받기 위해서인가? 큰 업적을 남기기 위해서인가? 아마 그런 것들이 근본 이유는 아닐 것이다. 이차적인 이유는 될지 몰라도 일차적인 이유는 아닐 것이다. 사실 일차적인 이유는 누가 말하지 않아도 우리 마음이 먼저 안다. 행복하기 위해서라는 것.

지혜의 사람 파스칼은 "모든 사람은 행복을 추구하며 여기에 예외는 없다. 행복을 추구하는 수단은 다를지라도 그 모든 것은 한 지점을 향하고 있다. … 사람의 의지는 행복 이외의 목적에는 그다지 관심을 보이지 않는다. 행복은 모든 이들의 모든 행동의 동기이며, 심지어 스스로 목을 매달아 죽는 사람도 이 점은 같다.” ^{「팡세」}고 말했다. 옳다. 사람이 땀을 흘리며 돈을 버는 것, 성공하기 위해 애를 쓰는 것은 그 자체가 좋아서라기보다는 그런 것들이 우리를 행복하게 만들어 줄 것이라고 믿기 때문이다.

그런데 이상하다. 인생의 의미와 목적이 행복에 있지 성공에 있지 않다고 하면 다들 웃는다. 인생과 세상을 모르는 철부지적 이상을 아직도 붙들고 있느냐며 혀를 끌끌 찬다. 그리고는 다들 보란 듯이 성공을 거머쥐기 위해 신발 끈을 조이고 허리띠를 졸라 맨다. 홀로 조용히 마음의 소리에 귀 기울일 때나 친구들과 속이야기를 나눌 때에는 ‘삶’이 중요하고 ‘행복’이 소중하다고 얘기하다가도 다음 날 아침이 되면 여전히 성공의 파랑새를 잡기 위해 인생 사냥을 나선다. 세상의 무엇과도 바꿀 수 없는 값진 삶을 돈과 성공을 위해 기꺼이 지불한다. 살기 위해 ‘죽임살이’를 마다하지 않는다.

이제는 정말 성찰해야 한다. 깊이 성찰하고, 삶의 양식을 전환해야 한다. 생존에 허덕이던 과거의 삶의 양식을 넘어서야 한다. 내일의 행복을 위해 오늘의 불행을 감수하는 어리석음을 끊어내야 한다. ‘죽임살이’에서 ‘살림살이’로, ‘생활’을 넉넉하게 하는 것에서 '삶'을 풍성하게 하는 것으로 전환해야 한다. '성공'에 맞춰졌던 삶의 모드mode를 '행복'으로 전환해야 한다. 그러려면 사는 일에만 정신이 팔려서는 안 된다. 살되, 성찰하며 살아야 한다. 근본을 기억하며 살아야 한다. 끊임없이 되물으며 살아야 한다. 그래야 그동안 애써 쌓아올린 압축성장의 열매들이 '생활'만이 아니라 '삶'으로까지 침투해 들어갈 수 있고, 그동안 인고하며 달려온 진정한 이유를 삶으로 경험할 수 있을 테니까 말이다.

김구는 오십여 년 전, 그 암담했던 시절에 대한민국이 이런 나라가 되기를 꿈꾸었다. "나는 우리나라가 세계에서 가장 아름다운 나라가 되기를 원한다. 가장 부강한 나라가 되기를 원하는 것은 아니다. 내가 남의 침략에 가슴이 아팠으니 내 나라가 남을 침략하는 것을 원치 않는다. 우리의 경제력은 우리의 생활을 풍족히 할 만하고, 우리의 강력은 남의 침략을 막을 만하면 족하다. 오직 한없이 갖고 싶은 것은 높은 문화의 힘이다. 문화의 힘은 우리 자신을 행복되게 하고, 나아가서 남에게 행복을 주겠기 때문이다." 『백범일지』

참으로 놀라운 혜안이다. 필자도 김구 선생님이 꿈꾸었던 그런 나라를 희망한다. 우리나라가 부강한 나라이기보다는 높은 문화의 힘을 가진 나라, 문화의 힘으로 세상에서 가장 행복한 나라, 자유와 평화가 가득한 나라이기를 희망한다. 우리의 사랑이고 미래인

 행복을 살다

자녀들이 부족할 것 없이 부유한 나라에서 사는 것보다는 자유와 평화의 웃음꽃이 활짝 피어나는 나라에서 살 수 있기를 희망한다. 지식 경쟁에 휘둘리기보다는 다양한 꿈을 꾸고, 깊이 있는 사유를 하며, 사랑하는 법을 배우고 경험할 수 있기를 희망한다. 삼천리 반도 금수강산에서 진정한 살림살이를 할 수 있기를 희망한다. 그리고 그런 희망의 씨앗을 심는 작은 몸짓으로 지금 이 글을 쓰고 있다.

2 행복은 삶의 원형

우리는 앞에서 왜 행복을 말해야 하는지를 사회적인 차원에서 살펴보았다. 이제는 좀 더 근원적인 배경에 대하여 살펴보려 한다.

성경은 "태초에 하나님이 천지를 창조하셨다"창1:1는 선언으로 시작한다. 그리고 세계를 창조하는 과정에서 "하나님이 보시기에 좋았다"는 말을 반복한다. 여기서 '좋았다'는 말은 히브리어로 '토브'다. 기쁨, 질 좋음, 탁월함, 행복이라는 뜻이다. 창조한 결과물이 창조자에게 흡족할 만큼 탁월하고 멋졌다는 이야기다. 더욱이 성경은 최초의 삶의 자리를 가리켜 '에덴'이라고 했다.창2:7-8 '에덴'은 기쁨, 즐거움을 뜻한다. 창세기 1장은 이처럼 하나님이 펼치신 세계가 아름답고 조화로운 생명의 세계라고 말한다. 우리가 살아야 할 '삶의 원형'이 바로 '에덴', 즉 '행복의 동산'이라고 말한다.

에덴 동산의 삶을 들여다보자. 여자가 존재하기 전 아담은 하나님이 창조한 모든 세계와 동물들을 다 둘러보았다. 하지만 함께 교제할만한 동류同類를 발견할 수 없었다. 마음과 마음을 나눌 파트너가 없었다. 이를 지켜 본 하나님은 아담을 깊이 잠들게 하시고, 그의 갈비뼈를 취하여 여자를 만들었다. 그리고 아담에게 데리고 왔다. 아담은 하와를 보자마자 자기와 인격적으로 소통할 수 있는 동류인 것을 알고 "이는 내 뼈 중의 뼈요 살 중의 살"이라며 기뻐했다.창2:23 마음껏 마음과 사랑을 주고받을 수 있는 상대가 있다는 사실에 감격스러워했다. 둘은 신뢰와 연합이 두터웠다. 불신, 미움, 갈등 같은 것이 전혀 없었다. 벌거벗었으나 부끄러워하지 않았을 만큼.

하나님 아버지와 아들의 관계도 그랬다. 예수님이 요단강에서 세례를 받을 때에 하늘이 열리더니 성령이 비둘기처럼 임하며 음성이 들렸다. "이는 내 사랑하는 아들이요 내 기뻐하는 자라."마3:17 하나님 아버지와 아들의 관계 또한 사랑과 순종, 신뢰와 기쁨으로 충만했다.

시원始原의 세계는 이처럼 모든 것이 사랑과 신뢰로 충만한 기쁨의 세계였다. 삼라만상의 운율이 행복이었다. 행복이 삶이었고, 삶이 행복이었다.

형편없이 으깨어진 삶

　하나님이 창조한 시원의 세계는 진실로 기쁨과 감사로 충만한 행복의 세계였다. 삶과 삶이 조우하는 세계였다. 그 세계에서는 삶의 관건, 삶의 중심, 삶의 본질, 삶의 목표, 삶의 이유, 삶의 영혼이 모두 행복이었다. 그런데 삶의 본질이요, 중심이요, 목표요, 영혼인 행복이 형편없이 으깨어지고 말았다. 삶의 원형이 조각나버리고 말았다. 피조물이 창조의 질서, 생명의 질서, 삶의 질서를 깨뜨렸기 때문이다. 죄가 삶을 집어삼켰기 때문이고, 생활과 삶을 소외시켰기 때문이다. 결국, 삶에서 더는 사랑과 조우遭遇할 수 없게 되었다. 사랑과 신뢰에 기초한 살림살이를 할 수 없게 되었다. 살림살이 대신 싸움, 갈등, 반목, 질시, 분노, 짓이김이 범람하는 ‘죽임살이’를 할 수밖에 없게 되었다.

　그 실상의 일면을 보자. 남의 딸이 애인이 많으면 행실이 가벼워서라고 말하고, 내 딸이 애인이 많으면 인기가 좋아서라고 말한다. 남이 학교를 자주 찾는 것은 치맛바람이라고 생각하고, 내가 학교를 자주 찾는 것은 높은 교육열이라고 주장한다. 며느리가 친정 부모한테 용돈 주는 것은 남편 몰래 돈을 빼돌리는 것이라고 험담하고, 딸이 친정 부모한테 용돈 주는 것은 효성이 지극해서라고 자랑한다. 다들 너는 누르고 나는 감싼다. 현상은 똑같은데 너냐,

나냐에 따라 전혀 다른 해석을 한다. 하나님이 창조한 시원의 세계, 조화와 아름다움으로 충만했던 에덴의 세계가 이처럼 형편없이 일그러져버렸다. 죄가 왕 노릇하는 무법한 세계로 전락하고 말았다. 성경은 삶이 피어날 수 없는 이런 현실을 가리켜 에덴에서 쫓겨났다고 표현했다. 생명나무에 이르는 길이 막혔다고 표현했다. 그렇다. 더는 삶과 삶이 조우하고 폭발하는 행복의 세계로 돌아갈 수 없게 되었다. 이것이 실낙원의 세계 현실이다.

너희의 행복을 위하여

하지만 하나님의 창조 세계가 영원히 실낙원일 수는 없다. '죽임살이'로 변질된 삶과 세상을 마냥 방치할 수는 없다. 그래서 하나님은 으깨어진 삶, 죽임의 세력에 신음하는 세계를 구원하기 위해 발 벗고 나섰다. 아브라함을 부르시고, 그들의 후손을 이집트에서 구원해내시고, 아들을 이 땅에 보내셨다. 또 쉬지 않고 말씀하셨다. "이스라엘아, 네 하나님 여호와께서 네게 요구하시는 것이 무엇이냐? 곧 네 하나님 여호와를 경외하여 그 모든 도를 행하고, 그를 사랑하며, 마음을 다하고 성품을 다하여 네 하나님 여호와를 섬기고, 내가 오늘날 네 행복을 위하여 네게 명하는 여호와의 명령과 규례를 지킬 것이 아니냐?" 신10:12-13

여기서 하나님은 이스라엘 백성에게 당신의 명령과 규례를 지키라고 엄히 요구하신다. 하나님을 전적으로 사랑하라고 요구하신다. 그러나 이 말씀에서 하나님의 명령만 읽으면 안 된다. 하나님의 명령과 규례를 지키겠다며 믿음으로 달려들기만 해서는 안 된다. 그보다 먼저 살펴야 할 것이 있다. 하나님의 명령과 규례가 어떤 명령이며, 어떤 규례냐 하는 것 말이다. 모세는 분명하게 말했다. "너희의 행복을 위한 명령과 규례"라고. 그렇다. 바로 이것이 중요하다. 하나님이 이스라엘 백성에게 선포하는 명령과 규례가 '그들의 행복'을 위한 것이라는 사실이 중요하다.

또 다른 말씀도 있다. "너희 하나님 여호와께서 너희에게 명하신 모든 도를 행하라. 그리하면 너희가 삶을 얻고, 복을 얻어서 너희의 얻은 땅에서 너희의 날이 장구하리라."^{신5:33} "여호와께서 우리에게 이 모든 규례를 지키라 명하셨으니 이는 우리로 우리 하나님 여호와를 경외하여 항상 복을 누리게 하기 위함이며"^{신6:24} "나 여호와가 말하노라. 너희를 향한 나의 생각은 내가 아나니 재앙이 아니라 곧 평안이요, 너희 장래에 소망을 주려 하는 생각이라."^{렘29:11} 예수님께서도 이 땅에 오신 목적을 이렇게 말씀했다. "내가 온 것은 양으로 생명을 얻게 하고 더 풍성히 얻게 하려는 것이라"^{요10:10} 성경은 심지어 이렇게 직접적으로 말하기도 한다. "이스라엘아! 너는 행복자로다. 여호와의 구원을 너같이 얻은 백성이 누구뇨?"^{신33:29} 바울도 값없이 의롭다 함을 받은 자를 가리켜 '행복자'

라고 했다. 롬4:6-8

　성경은 이처럼 하나님의 모든 말씀과 행위의 근본 의도가 인간의 기쁨과 행복에 있다고 말한다. 사실이다. 그분의 명령과 규례는 세상의 행복을 위한 '행복 안내서'이다. 창조의 순간부터 주님 오시는 그날까지 하나님의 불변하시는 뜻은 오직 피조물이 행복하게 사는 것이다. 사람을 포함해 온 피조물이 존재의 본성을 억압당하거나 조종당하는 일 없이 존재 자체를 충분히 드러내며 사는 것이다. 이것은 의심할 수 없는 성경적 진실이다.

　필자는 성경을 읽을 때 곧잘 질문도 하고 상상도 한다. 시원의 세계를 읽으면서도 그랬다. '기쁨으로 가득한 에덴을 창조하신 하나님께서 창조세계가 진정한 행복 동산이 될 수 있도록 하기 위해 어떤 작업을 하셨을까?' 하는 상상을 했다. 이 상상을 하면서 나는 기막힌 장면 하나를 떠올렸다. 모든 피조물 안에 '행복 유전자'를 집어넣으시는 하나님의 모습. 그리고 연이어 '죽임살이'로 점철된 현실 앞에서도 여전히 최선을 다해 생명을 살아가는 피조물들의 모습을 떠올렸다.

　나는 이 상상이 그리 엉뚱한 상상은 아닐 것이라고 생각한다. 앞서 말한 것처럼 파스칼은 "모든 사람은 행복을 추구하며 여기에 예외는 없다. 행복을 추구하는 수단은 다를지라도 그 모든 것은 한 지점을 향하고 있다"고 말했다. 영국의 철학자 데이비드 흄은 "사람이 하는 모든 노력의 궁극적인 목적은 행복의 달성이다. 행복을 위해 기술을 발명하고, 학문을 육성하고, 법을 만들고, 사회를 형성한다"고 말했다. 옳다. 모든 사람의 행동 이면에는 근본적으로 행복의지가 작동하고 있다. 사람뿐 아니다. 식물도 좋은 음악을 들려주면 잘 자란다고 한다. 사람이 지각하지 못해서 그렇지 가까이 다가가 보면 개미와 달팽이에게도 분명 행복유전자가 있을 것이고, 나팔꽃과 해바라기에게도 행복유전자가 있을 것이다. 이 모든 사실을 통해 볼 때 필자가 모든 피조물 안에는 행복 유전자가 있고, 그 행복 유전자는 하나님이 넣어주신 것이라고 상상하는 것이 결코 허황된 것은 아니라고 생각한다.

행복은 진실로 삶의 중심, 삶의 영혼, 삶의 보물이다. 행복 없는 삶은 영혼 없는 몸과 같다. 행복 없는 성공, 행복 없는 돈도 마찬가지다. 행복하지 못하다면 성공에 무슨 의미가 있겠는가? 행복하지 못하다면 돈에 무슨 가치가 있겠는가? 행복하지 못한데 건강하면 뭐하며, 공부를 잘하면 뭐하겠는가? 궁전에 살면 뭐하며, 진수성찬이 앞에 있으면 뭐하겠는가? 행복하지 않으면 감옥이나 다를 게 없고, 그림의 떡이나 다를 게 없고, 바늘방석이나 다를 게 없지 않

겠는가? 그렇다. 행복이 빠진 삶은 형벌이요 저주요 죽임이지 삶
일 수 없다.

두 지평

우리가 행복을 추구하는 것은 행복이 우리에게 뭔가를 가져다
주기 때문이 아니다. 행복은 그 자체가 목적이요, 삶에서 경험할
수 있는 최상의 것이기 때문에 추구하는 것이다. 2세기의 성인인
이레네오스는 말했다. "하나님의 영광은 인간이 충만하게 살고 있
는 인간존재로 구현된다." 옳다. 행복과 삶은 본질상 하나다. 삶은
행복하라고 주어진 선물이다. 사람과 세상은 본래 행복을 지향하
도록 창조되었다.

그러나 앞서 말한 것처럼 행복으로 가득한 현실은 더는 존재하
지 않는다. 우리는 이제 원하든 원치 않든 고통, 아픔, 슬픔, 이별,
죽음과 더불어 살아야 한다. 행복과 슬픔이 교차할 수밖에 없는 삶
을 살아야 한다. 아픔을 통해 행복을 발견하기도 하고, 고통 속에
서 행복을 얻기도 하는 삶의 우스꽝스러운 장난을 끌어안고 살아
야 한다. 이것은 누구도 피할 수 없는 '실낙원' 이후의 운명적 현
실이다. 그렇다고 절망할 것까지는 없다. 우리 앞에서 전혀 다른
두 가지 현실이 있으니까. 온 세상이 죄악으로 물들어 있다는 '죄
의 현실'과 창조주 하나님께서 이 세상을 다스리시며 온 생명을 깊

이 품고 계시다는 '하나님의 통치의 현실'이 공존하고 있으니까.

온 세상이 죄로 오염되어 있다는 것은 하나의 종교적 언사가 아니다. 그것은 누구도 피할 수 없는 가장 정직한 눈앞의 현실이다. 죄는 우리의 삶과 행복뿐 아니라 모든 생명을 짓밟고 있는 근원적 현실이다. 이 죄의 현실은 사람의 지혜나 의지로 극복될 수 있는 게 아니다. 정치나 교육은 말할 것도 없고, 법이나 제도를 완벽하게 정비한다고 해서 달라지는 것도 아니다. 신앙으로 무장한다 해도 마찬가지다. 죄의 현실은 누구도 극복할 수 없고, 누구도 피할 수 없는 필연의 현실이요 존재의 멍에다. 그러기 때문에 우리가 어떤 문제를 논할 때에는 반드시 세상의 죄악 됨을 전제해야 한다. '죄의 현실'을 부정하거나 외면하는 것은 현실을 있는 그대로 보지 않는 거짓이요 위선이다. 그리고 그런 거짓과 위선으로는 '행복'이라는 삶의 보물을 찾을 수 없다.

또 하나의 현실이 있다. 죄가 비록 이 세상에서 왕 노릇을 하고는 있지만, 그럼에도 죄가 이 세상을 좌지우지하고 있는 것은 아니다. 이 세상을 다스리는 진정한 통치자가 있다. 온 세상의 창조자이시고 주권자이신 하나님께서 이 세상과 온 생명을 깊이 품고 계신다. 온 세상을 깊이 사랑하시며 구원하고 계신다. 물론 하나님의 통치의 현실은 눈에 보이거나 이성으로 포착할 수 있는 건 아니다.

과학으로 검증할 수도 없다. 하지만 결코 부정할 수 없는 우리 앞의 현실이다.

그렇다. '죄의 현실'과 '하나님의 통치의 현실'이라는 이 상호 모순되어 보이는 대립적 현실이 바로 온 세상이 처한 오늘의 현실이다. 이것은 누구도 부정할 수 없고, 누구도 외면할 수 없는 최고의 현실이다. 때문에 현실을 있는 그대로 정직하게 보기 위해서는 두 지평 위에 서야 한다. '죄의 현실성'과 '하나님의 통치의 현실성'이라는 이 대립적 지평을 동시에 고려하면서 현실을 보아야 한다. 그래야 있는 그대로의 현실을 볼 수 있다.

그런데 아쉽게도 오늘 이 시대의 담론에는 '죄의 현실성'과 '하나님의 통치의 현실성'이라는 두 지평이 빠져 있다. 핵과 환경의 위기를 포함해 국가 간의 분쟁과 개인의 불행에 이르기까지 죄가 연루되지 않은 것이 없는데도 모든 담론에는 '죄의 현실성'이 빠져 있다. '죄'라고 하는 것은 하나의 기독교적인 시각에 불과한 것으로, 고리타분한 기독교 근본주의자들의 교리에 불과한 것으로 폄하되어 구석으로 쫓겨난지 오래다. '죄'는 심지어 교회 안에서조차 환영받지 못한다. 이 시대에 '죄'를 언급하는 것은 '교양 없음'의 상징처럼 인식되고 있다.

'하나님의 통치의 현실성' 또한 마찬가지다. 과학기술이 온 세상을 지배하는 통치자로 군림하면서부터 하나님의 통치권이 더는 발붙일 곳을 찾지 못한 채 폐기처분되어버렸다. 하나님은 이 시대에 죽었거나, 죽지 않았으면 종교의 영역으로 퇴각 당했거나, 인간의 욕망을 위한 도구로 전락해버렸다. 아니면 이름만 남아있는 유명무실한 존재가 되어버렸거나, 열광주의자들의 하나님으로만 존재하고 있는 형편이다. '하나님의 통치의 현실성'이라는 신앙적 명제는 유명무실한 신학적 언어로 유폐幽閉되어버렸다.

사실이다. '죄의 현실성'과 '하나님의 통치의 현실성'이라는 이 말도 안 되는 대립적 현실성이야말로 가장 강력한 눈앞의 현실이고, 또 현실을 해석할 수 있는 최고의 지평임에도 오늘의 담론에는 두 지평이 빠져 있다.

행복에 대한 담론도 예외가 아니다. 행복의 현실적인 조건과 한계는 외면한 채, 심리적이고 사회적인 '행복'에 과학과 통계의 옷을 입히기에 바쁘다. 가벼운 논리와 희망으로 행복을 채색하기에 여념이 없다. 상대적인 처방에 불과한 것을 절대적인 처방인 것처럼, 부분적인 처방에 불과한 것을 총체적인 처방인 것처럼 선전하기에 바쁘다. 그래서 많은 사람이 약간의 노력만 하면 얼마든지 행복을 손에 쥘 수 있다고 하는 근거 없는 희망에 몰입하거나, 사이비 행복을 행복이라고 착각하고 추구하는 오류에 빠져 있다.

삶의 현실적 조건과 한계 🦋

그렇다면 행복이란 무엇일까? 브리태니커 사전은 행복을 "좋은 것의 소유나 소망의 성취로 야기되는 쾌적한 경험"이라고 했다. 독일의 브록하우스 백과사전 1969년판은 "인간이 자신의 처지와 운명과 하나 되고, 이러한 일치를 감정적으로 지각하는 즐겁고 고상한 마음 상태"라고 했다. 철학자 러셀은 "인간의 행복의 원리는 간단하다. 불만에 자기가 속지 않으면 된다. 어떤 불만으로 해서 자기를 학대하지 않으면 인생은 즐거운 것이다."『행복의 정복』고 했다. 독일의 언론인 볼프 슈나이더는 "행복은 특정한 시기에 느끼는 긍정적인 삶의 감정이다."『진정한 행복』고 했다. 하지만 어느 것도 성에 차지는 않는다. 다들 행복을 깊이, 충분하게 본 것 같지가 않다. 다행히 맘에 드는 설명이 하나 있다. 프랑스 철학자 베르트랑 베르줄리가 "행복은 삶의 폭발이다. 우리의 삶이 삶 속으로, 삶이 우리의 삶 속으로 범람하는 현상이다."『행복 생각』고 말한 것은 행복의 본질에 상당히 근접한 설명이라고 생각된다. 필자는 행복을 이렇게 말하고 싶다. "행복은 존재의 평안함이다. 나라는 존재가 돈이든, 명예든, 권세든, 국가든, 도덕이든, 종교든 그 무엇에도 억압당하거나 휘둘리지 않고 나로서 존재할 수 있는 상태, 그리고 바로 그때 느끼는 존재의 평안함이 바로 행복이다."라고. 다시 말하면 자아 내부에 균열이 없는 상태, 한 걸음 더 나아가 인간의 모상인 하나님과 조화로운 상태가 바로 행복이라고.

사실 행복을 정의하기란 쉽지 않다. 삶이 그러하듯 행복 또한 매우 다층적이기 때문에 이것이 행복이라고 콕 짚어 말하기란 어렵다. 브리태니커나 브록하우스 백과사전이 말한 것도 행복이고, 맛있는 사과를 한 입 물었을 때 느끼는 상쾌한 맛도 분명 행복이니까. 그러나 행복을 정의하는 것보다 더 중요한 것은 앞서 말한 두 지평 위에서 행복을 이해하는 것이다.

이미 말한 바 있지만 행복으로만 채색된 현실은 더는 존재하지 않는다. 우리는 이미 죄의 현실성에 오염되어 있고, 죄의 현실성이 작동하는 세상에서 살고 있기 때문에 존재의 평안을 누리기란 결코 쉬운 일이 아니다. 프로이트는 "엄밀한 의미에서 행복이란 산적한 욕구들의 갑작스러운 충족에서 비롯되고, 그런 행복은 그 본질상 일시적 현상으로만 가능하다."고 말했다. 영국의 철학자 존 스튜어트 밀은 "엄청난 만족의 상태는 순간적으로만 가능할 뿐이다. 혹은 이따금, 간헐적으로, 길게는 몇 시간 혹은 며칠 동안."이라고 잘라 말했다. 사실이다. 우리 모두가 행복을 갈망하지만, 그럼에도 지속적이고 완전한 행복이란 희망일 뿐 현실일 수는 없다. 우리가 경험하는 행복은 일시적이고 불완전한 것일 수밖에 없다. 사람들이 경험하는 행복의 편차 또한 이런 조건과 한계 안에서의 편차일 뿐이지 그 이상을 넘어설 수는 없다.

그러면 행복은 요원하단 말인가? 아니다. 하나님은 여전히 세상을 사랑하신다. 그분은 온 세상의 주인으로서 여전히 세상을 통치하신다. 하나님의 통치의 현실은 죄의 현실보다 크다. 온 세상을 향한 그분의 '행복 의지' 또한 변하지 않았다. 모든 피조물 안에 있는 '행복 유전자' 역시 변함없이 작동하고 있다. 그러므로 행복을 의심할 필요는 없다.

행복을 의심치 말라

그렇다. 행복을 의심할 필요는 없다. 행복은 삶에 허락된 최상의 축복이요 선물이다. 행복은 생명이 부를 수 있는 최상의 노래다. 하나님 또한 온 피조 세계가 행복의 노래를 부르며 사는 것을 심히 기뻐하신다. 그러므로 주저하지 말고 행복을 노래하라. 의심하지 말고 행복을 살라. 사람이 행복을 추구하는 것은 하나님의 창조의지에 부합하는 일일뿐 아니라 가장 정직한 인간의 의지임을 잊지 말라.

더욱이 행복은 인간의 권리이기 이전에 의무이다. 우리는 지금까지 행복을 인간의 권리라고만 이해해왔다. 물론 틀린 이해는 아니다. 인간적이고 사회적인 차원에서 보면 행복은 분명 권리이다.

법에서도 ‘행복추구권’을 인정하고 있다. 하지만 창조의 관점에서 보면 달라진다. 행복은 권리이기 이전에 의무이자 책임이 된다. 그것도 으뜸가는 의무요 책임이 된다. 태초에 ‘에덴’을 삶의 원형으로 창설하신 하나님의 의지는 예수 그리스도 안에서 지금도 유효하니까 말이다. 이레네오스의 말을 다시 한 번 들어보자. “하나님의 영광은 충만하게 살고 있는 인간존재로 구현된다.” 진실로 그렇다. 행복은 권리일 뿐만 아니라 하나님 앞에 선 인간의 신성한 의무이자 책임이다. 결코 회피해서는 안 되는 막중한 책임이다. 우리는 하나님의 영광을 위해 행복한 삶을 살아야 한다. 우리가 행복을 말해야 하는 근원적인 이유도 바로 여기에 있다.

3 행복에 대한 일곱 가지 오해

우리는 하나님의 영광을 위해 행복하게 살아야 한다. 이것은 하나님 앞에 선 인간의 신성한 의무다. 그런데 의외로 행복한 삶의 길을 가로막고 있는 걸림돌에 걸려 넘어지는 자들이 많이 있다. 대략 일곱 가지 정도의 오해와 편견이 행복의 길을 가로막고 있다고 생각된다. 그 내막을 간단히 살펴보자.

첫째, 행복은 가진 자들의 자기만족이라는 오해가 있다. 그들의 주장은 이렇다. 우리 삶에는 지진과 홍수와 가뭄 등 자연 재해들이 끊이지 않고 있다. 전쟁으로 인해 수많은 젊은이들이 죽어 가고 있고, 아이들이 희생을 당하고 있다. 극악무도한 범죄가 끊이지 않고 있다. 가난과 질병으로 고통당하는 자들이 우리 옆에 있다. 그런데 그런 지구촌에 함께 살면서 어떻게 행복을 노래할 수 있느냐는 것이다. 자기 옆에 불행이 널려 있는데 어떻게 자기 혼자 행복을 구가할 수 있느냐는 것이다. 그러면서 그들은 행복을 가진 자들의 추악한 자기만족일 뿐이라고 일갈한다. 일리가 있다. 부처가 말한 대로 인생은 고통의 바다다. 지구촌의 살림살이를 보면 정말 탄식과 한숨과 눈물이 절로 나온다.

하지만 삶의 모든 것이 그러하듯 행복 또한 역설적이라는 것을 기억해야 한다. 우리는 흔히 지구촌의 모든 재앙과 고통을 면제받거나 지구촌의 아픈 현실을 외면해야만 행복할 수 있을 것이라고 생각하는데 그렇지 않다. 행복이란 참 묘해서 지구촌의 모든 재앙과 고통을 면제받거나 지구촌의 아픈 현실을 외면하는 자의 마음에는 임하지 않는다. 행복은 오히려 지구촌의 아픈 현실 속에 숨어 있고, 지구촌의 찢긴 현실에 참여할 때 임한다. 행복은 지구촌의 아픔을 면제받은 자들, 비참한 현실을 외면하는 자들이 누리는 왜곡된 자기만족이 아니라, 그들과 함께 울고 아파하는 마음에 임하는 하늘의 축복이다.

둘째, 행복을 추구하는 것은 지극히 이기적인 태도라고 생각하는 오해도 있다. 물론 이것도 일리가 있다. 사람은 안으로 굽어진 존재이기 때문에 행복을 추구하다 보면 자칫 이기적이기 쉬운 게 사실이다. 이웃의 아픔은 외면한 채 자기만의 행복에 갇히기 쉬운 것도 사실이다. 하지만 '자기 사랑'과 '이기주의'를 혼동하면 안 된다. 자기를 사랑하고 행복한 삶을 추구하는 것은 이기주의와는 다르다.

쇼펜하우어는 『의지와 표상으로서의 세계』라는 책에서 자신을 위하는 것과 타인을 위하는 것의 관계에 대해 기막힌 말을 했다. "이상하게도 자기 자신을 위해 사색하고 탐구한 것만이 훗날 타인의 이익이 되는 것이며, 처음부터 타인을 위해서라고 정해진 것은 타인의 이익이 되지 않는다." 매우 정확한 지적이다. 몇몇 사례만 보아도 알 수 있다. 지역과 국가를 위해 이 한 몸 바치겠다며 공직 선거에 출마한 자들이 뒤에서는 권력에 줄서고, 자기 잇속 챙기기에 재빠른 경우가 비일비재하다. 이라크와 아프가니스탄을 독재와 테러범들의 손아귀에서 구출하겠다며 정의의 칼을 빼든 미국 주도의 전쟁도 결국은 자국의 이익 챙기기에 불과했다. 전두환도 위기에 처한 나라를 구하겠다며 나섰지만 실상은 독재 권력으로 많은 이들을 희생시켰다. 세계 역사상 알렉산드로스 대왕이나 카이사르와 어깨를 나란히 할 정도로 정치 군사적인 천재였던 나폴레옹의 일생도 마찬가지다. 이 모두가 타인을 위해서라고 외쳤지만 수많은 타인에게 지울 수 없는 상처를 남겼을 뿐이다.

반면에 자기 자신을 위해 사색하고 탐구한 것은 먼 훗날 타인의 이익이 되는 경우가 참 많다. 헨리 데이빗 소로우는 월든 호숫가의 숲속으로 들어가 통나무집을 짓고 밭을 일구면서 소박한 생활을

했다. 최소한의 것을 소비하며 단순하게 살았다. 그리고 남는 시간
에는 자연을 깊이 관찰하고, 삶을 묵상하고, 책을 읽고, 글을 쓰고,
방문객들과 대화하는 지극히 개인적인 삶을 살았다. 하지만 일기
를 비롯해 1854년에 출판한 「월든」이라는 산문은 백년이 지난 오
늘까지도 수십 개의 언어로 번역되어 많은 사람들에게 읽히고 있
다. 「월든」이 그 당시에는 별로 주목받지 못했지만 19세기에 출판
된 책들 가운데 가장 중요한 책 중 하나로 평가받고 있다. 소로우
는 지극히 개인적인 삶을 살았는데, 그의 삶은 결코 개인적인 삶으
로 끝나지 않았다. 시대를 뛰어넘는 소통의 삶이 되었다.

배움도 그렇다. 옛 사람들의 배움은 철저하게 위기지학爲己之學
이었다. 학문의 제일 목적이 자기 수양에 있었다. 그런데 그들이
남긴 학문은 수백, 수천 년이 지난 지금까지 위대한 고전으로, 인
류의 고귀한 유산으로 상속되어 많은 영감을 주고 있다. 그에 비해
요즘 사람들은 위인지학爲人之學을 한다. 사람에게 인정받기 위해
공부한다. 자신을 수양하기 위해서가 아니라 성공하기 위해 공부
한다. 그러다보니 학문이 얕아서 남에게 줄 것이 없는 공부가 되어
버렸다.

중국의 유가儒家에서 이단아로 낙인찍힌 두 사람이 있다. 모든
사람을 차별 없이 사랑해야 한다는 겸애사상兼愛思想을 주장한 묵

적과 '위아' 爲我-나 자신을 위해 사는 것이 중요하다를 강조한 양주다. 특히 양주는 당시에 이기주의 사상가로 배척당했다. 하지만 동양철학자 김시천은 『이기주의를 위한 변명』에서 양주의 사상을 변명하고 있다. "여씨춘추"는 양주의 '위아'를 "지금 나의 생명은 나를 위해 있는 것이다. 나의 생명은 그 귀천을 논하자면 지위가 천자가 되더라도 비할 바가 못 된다. 그 경중을 논하자면 부가 천하를 소유하는 것이라 해도 바꿀 수가 없다. 그 안위를 논하자면 하루아침에 나를 잃게 되면 죽어서도 회복할 수 없다."라고 이해했다면서, 김시천은 '위아'를 나의 생명 이외의 것들은 나의 삶을 기르는 수단에 지나지 않는다는 뜻으로 읽었다. 명예, 재산, 성공, 그 어떤 것이라도 삶을 능가하는 가치가 없다는 뜻으로 읽었다. 그러면서 양주의 '위아' 사상을 극단적인 이기주의가 아니라 '삶 중심주의'로 해석하는 것이 옳다고 주장했다.

정말 양주를 제대로 이해했다고 생각한다. 피상적으로 보면 행복을 추구하는 것이 천박한 이기주의처럼 생각될 수도 있지만 조금 깊이 들여다보면, 위아爲我는 자기我를 잃지 않고 삶의 중심성을 잃지 않겠다는 결기, 곧 삶 이외의 그 무엇에도 삶을 빼앗기지 않겠다는 투철한 '삶 중심주의'임을 알 수 있다. 그리고 "사람이 만일 온 천하를 얻고도 제 목숨을 잃으면 무엇이 유익하리요. 사람이 무엇을 주고 제 목숨을 바꾸겠느냐"마16:26는 예수님의 말씀과도

통한다고 할 수 있다.

셋째, 행복은 고통과 근심, 두려움이 없는 상태라는 오해도 있다. 물론 전적인 오해는 아니다. 고통, 근심, 두려움, 슬픔, 공포가 없는 상태가 능동적인 차원의 행복에는 미치지 못하지만 최소한의 행복에 가까운 것은 사실이다. 그러나 앞장에서 말한 것처럼 우리네 삶의 현실은 실낙원이다. 고통, 근심, 두려움, 슬픔, 공포, 죽음의 그림자가 드리워지지 않을 수 없다. 그것들을 초월할 수 있겠으나 제거할 수는 없다. 때문에 고통, 근심, 두려움, 슬픔, 공포가 없는 상태가 행복이라고 말하는 것은 전혀 현실성 없는 주장이다. 우리가 이 땅에서 논하는 행복은 '그럼에도 불구하고'의 행복이지 '그러므로'의 행복이거나 '…하면'의 행복은 아니다. '그러므로'의 행복이나 '…하면'의 행복은 이 땅에 존재하지 않는다.

넷째, 행복의 모양과 색깔은 다르지만 행복은 다 같은 것이라는 오해도 있다. 그렇지 않다. 행복에드 천차만별이 있다. 심리학자 매슬로우는 인간의 욕구가 낮은 단계로부터 높은 단계로 발전한다고 보았다. 본능에 가까운 생리적 욕구로부터 안전의 욕구, 사회적인 소속의 욕구, 존중의 욕구, 자아실현의 욕구까지 인간의 욕구는 다차원적이라고 했다. 앎에도 단계가 있다. 자료Data ➥ 정보

Information ➜ 지식Knowledge ➜ 지혜Wisdom의 오름차순으로 말이다. 때문에 안다고 해서 다 같은 앎인 줄 알면 안 된다.

행복에도 네 가지 차원이 있다. '감각적 행복'은 물리적이고 생리적인 조건이 채워짐으로 인해 느끼는 행복이다. 새 차를 구입하거나 복권에 당첨되었을 때, 내 집을 마련했을 때, 주린 배를 맛있는 음식으로 채웠을 때 느끼는 행복이다. '사회적 행복'은 꿈을 이루었거나 사회적으로 인정받는 성취를 했을 때 느끼는 행복이다. 권투 선수가 세계 챔피언이 되었을 때, 축구선수가 월드컵 대회에서 승리했을 때, 수험생이 원하는 대학에 합격했을 때 느끼는 행복이다. '심미적 행복'은 아름다운 음악, 그림, 글, 연극, 영화를 감상할 때 느끼는 행복이다. 맑고 시원한 공기가 뺨을 스치고 지나갈 때, 사랑하는 연인과 데이트를 할 때, 맑고 깨끗한 호수를 걸을 때 느끼는 행복이다. '전인적 행복'은 외부의 상황이나 조건에 부침이 없는 내적인 평화, 하나님과의 깊은 만남에서 오는 영적인 평화의 상태에서 누리는 행복이다. 이 행복은 부분적인 행복이 아니라 삶의 전 영역이 통합되고, 삶과 존재가 하나가 되는데서 오는 행복이다.

행복의 질과 깊이도 제각각 다르다. '감각적 행복'은 짜릿한 쾌감과 희열의 극치에 쉽게 도달하는 대신 순간적이고 외부 의존적이다. 외부 상황의 변화에 따라 쉽게 깨진다. '사회적 행복'도 감각적 행복 못지않게 짜릿한 쾌감과 희열이 있다. 조건적이고 외부 의존적이며 쉬 깨진다는 면에서도 동일하다. 하지만 감각적 행복보다는 시간적으로나 질적으로 깊이가 있고 오래 유지된다. '심미적 행복'은 외부적 조건과 관계없이도 얼마든지 맛볼 수 있다. 마음만 준비되고 열려 있으면 언제 어디서나, 한 잔의 물을 마시면서도, 길을 걸으면서도, 북적이는 지하철 속에서도 얼마든지 맛볼 수 있다. 정갈한 마음, 번득이는 영혼, 예민한 감각, 모든 걸 꿰뚫어볼 수 있는 통찰력과 맑은 이성을 잃지만 않는다면 외부적 조건에 구애받지 않고도 누릴 수 있는 행복이 심미적 행복이다. '전인적 행복'은 감각적 행복과는 다르게 짜릿하지 않다. 어쩌면 물과 같이 덤덤하다. 그러나 오래 묵은 간장처럼 깊은 맛이 난다. 순간적이거나 변화무쌍하지도 않다. 삶의 일부분이 아니라 전 영역에 걸쳐 행복감을 느낀다. 물론 행복이 잠시 덤추기도 하고 깨어지기도 한다. 하지만 이내 곧 회복한다. 전인적 행복은 본질적으로 내면적이다. 조건적이지도 않다. 삶의 다양한 영역이 두루 통합되어 있다. 그래서 험한 세파에도 뿌리 깊은 나무처럼 흔들리지 않는다.

20세기 최고의 영성가로 유명한 토마스 머튼의 고백을 들어보

자. "나는 '홀로 있음' 이라는 소명을 발견한 후, 내 생애 처음으로 너무나 완전하고 심원하여 더는 세상을 돌아보지 않아도 되는 행복을 맛보기 시작했다. 더는 내가 행복했었다는 사실을 나 자신에게 상기시킬 필요가 없었다. 이 행복은 진짜였고 항구적이었으며 어떤 의미에서는 영원했기 때문이다. 행복은 의식의 저 심층까지, 모든 마음의 풍랑, 모든 두려움, 가장 깊은 어둠 속까지 파고들었으며 언제나 변함없이 거기에 있었다."『기도의 사람 토마스 머튼』 여기서 우리가 확인할 수 있는 것은 토머스 머튼이 경험한 행복이 '감각적 행복' 이나 '사회적 행복' 과는 다른 차원의 것이라는 사실이다. 성경도 행복의 다차원을 말하고 있다. '사람이 떡으로만 살 것이 아니라 하나님의 입에서 나오는 모든 말씀으로 살아야 한다.' 마 4:4는 말씀은 생리적 욕구를 채움으로써 얻는 행복과 하나님의 말씀을 먹음으로써 얻는 행복이 다르다는 것을 전제하고 있다.

다섯째, 행복은 마음먹기 나름이라는 오해가 있다. 이들은 몇 가지 심리적 기술이나 방법만 익히면 누구나 쉽게 행복을 얻을 수 있다고 말한다. 뇌 속에 있는 행복 단추만 누르면 금방 행복해질 수 있다고 말한다. 물론 일리가 없지 않다. 행복에는 외부적 요인도 작용하지만 근본적으로는 내부적 요인이 좌우하기 때문에 마음먹기가 매우 중요한 게 사실이다. 또 마음먹기란 매우 쉽기도 하다. 상황을 변화시키는 것은 내 뜻대로 하기 어려워도 내 마음은 내가 통제할 수 있는 게 사실이다. 옳다. 세상에서 가장 쉬운 것이 마음먹기이다. 하지만 세상에서 가장 어려운 것 또한 마음먹기임을 잊어서는 안 된다. 사람들이 밤새워 고민하고 불안해하며 불행의 늪으로 빠져드는 것도 마음먹기가 마음만큼 안 되기 때문이다.

인간과 삶은 단순하지 않다. 몇 가지 심리적 기술과 방법으로는 해결되지 않을 정도로 복잡하고 다차원적이며 신비한 것이 삶이고 사람이다. 심리학자 융은 죽기 전에 이 한 마디를 남겼다고 한다. "인간의 정신이 저마다 얼마나 엄청나게 다른 가를 알아낸 것이 내 인생에서 가장 큰 경험 중의 하나였다." 옳다. 인간의 내면세계라는 게 언뜻 보면 고만고만해 보일지 몰라도 사실은 벗기고 벗겨도 다 알 수 없는 신비 덩어리이다. 인생을 사는 것이 한없이 힘들지만 동시에 재미있는 것도 인간의 내면세계가 저마다 다르고 심오하기 때문이다. 인간의 내면세계가 저마다 다르고 심오하기 때문에 갈등하기도 하고, 싸우기도 하고, 미워하기도 하지만 동시에 날마다 새롭게 기대하고 탐구하며 흥미진진한 삶을 살 수 있는 것이다. 무릇 인생이란 같은 물에 두 번 발을 담글 수 없다. 몇 가지 기술이나 방법을 터득하는 것으로 행복을 건져 올릴 수 있다고 생각하는 것은 인간과 인생의 신비와 오묘를 모르는 무지에서 나온 오만이다. 철학자 볼테르는 비웃듯 말했다. "사람들은 마치 술 취한 사람이 자기 집을 찾듯이 행복을 찾는다." 볼테르의 말을 듣고 보니 요즘 사람뿐 아니라 그때 사람들도 쉽게 행복을 찾으려고 덤볐나 보다.

여섯째, 행복을 추구하는 것은 하나님나라, 즉 위엣 것을 추구하는 것이 아니라 땅엣 것을 추구하는 것이라는 오해가 있다. 주님은 나를 위해 십자가 고난을 당하셨고, 바울도 그리스도의 남은 고난을 자기 육체에 채웠는데, 그분의 은총을 입은 자가 어떻게 자신의 행복을 구가할 수 있느냐는 것이다. 그것은 주님께 면목 없는 짓일 뿐 아니라 지극히 세상적이고 인간적인 욕망의 놀음이라는 것이다. 하나님의 영광을 위해 헌신하다가 고난도 달게 받아야 그게 그리스도인다운 삶이지 행복을 위해 사는 것은 십자가를 역행하는 일이라는 것이다. 역시 일리가 있다. 매우 신앙적인 생각이기도 하다. 하지만 지나친 단견短見이기도 하다.

주님께서 왜 고난을 당하셨는가? 우리도 주님을 따라 고난당하라고 그러셨을까? 아니다. 주님께서 고난을 당하신 것은 죄에게 종노릇하는 모든 형태의 저주와 고통으로부터 우리를 구원하고 해방하기 위해서였다. 모든 매임으로부터 자유롭게 하기 위해서였다. 물론 주님 안에도 고난이 있다. 진리를 따름으로 인해 져야 하는 고난이 있다. 하지만 이 고난은 행복을 파괴하는 고난이 아니다. 이 고난은 행복을 노래하는 고난이고, 고난 가운데서도 세상이 줄 수 없는 평안과 기쁨으로 충만한 고난이지 삶을 소외시키고 일그러뜨리는 고난이 아니다. 더욱이 행복은 땅엣 것이 아니다. 성령의 열매인 사랑, 희락, 화평, 오래 참음, 자비, 양선, 충성, 온유, 절제는 모두 행복의 필수요소들이다. 행복한 삶은 성령에 속한 것이지 땅에 속한 것이 아니다.

일곱째, 사람들은 흔히 행복을 삶의 목적으로 추구해서는 결코 행복할 수 없다고 말한다. 어디선가 재미있는 이야기를 읽었다. 어린 강아지가 어미 개에게 물었단다. "엄마, 나 친구랑 꼬리잡기 내기했어. 친구 말이, 내가 내 꼬리를 잡으면 최고의 행복을 얻을 수 있대. 근데 절대 못 잡는대. 그래서 나는 잡을 수 있다고 큰소리쳤지. 그런데 하루 종일 뱅뱅 돌아도 절대로 잡히지 않아. 엄마, 나 평생 행복을 못 얻으면 어떡하지? 나는 왜 내 꼬리 하나를 마음대로 못 잡을까?" 그러자 어미 개는 웃으면서 설명해주었단다. "얘야, 행복은 네 꼬리와 같단다. 그냥 걸어가면 평생 너를 따라다니는 거야. 무엇 때문에 힘들게 잡으려 하니? 그냥 잊어버리렴."

이 이야기는 꼬리를 잡겠다는 강아지의 수고가 헛된 것처럼 행복을 붙잡겠다는 인간의 수고가 헛되다는 것을 말해주고 있다. 행복은 결과로써 따라오는 것이지 목표로써 추구해야 할 것은 아니라는 것이다. 옳다. 성경도 행복을 추구하라고 직접적으로 말하지 않았다. 성경은 하나님나라와 그 의를 추구하라고 했다. 그러면 모든 행복을 얻을 것이라고.마6:33-34 사실이다. 행복은 하나님을 마음에 모시고, 가난한 마음을 잃지 않을 때 자연스럽게 따라오는 선물이다. 행복을 직접적으로 추구하다보면 자칫 행복 욕구에 사로잡히게 되고, 그렇게 되면 건강한 행복이 아니라 왜곡된 행복, 사이비 행복, 자신만의 행복에 빠져들기 쉽다. 그것이 사람의 연약함이다.

하지만 모세나 예레미야가 말한 대로 하나님의 모든 명령과 율례는 궁극적으로 우리의 행복을 위해 주어졌다.신10:13; 렘29:11 이사야가 메시아 시대의 세계상을 묘사하면서 이리가 어린 양과 함께 거하며, 표범이 어린 염소와 함께 누우며, 사자가 소처럼 풀을 먹고, 암소와 곰이 함께 먹으며, 어린 아이가 독사의 굴에 손을 넣고 장난하는 세계사11:6-7라고 한 것도 사랑과 평화의 삶이야말로 메시아 시대의 세계이기 때문이다.

조금 돌려서 생각해보자. 어떻게 사는 것이 하나님의 뜻대로 사는 것이며 하나님께 영광이 되는 삶일까? 어떤 삶을 살 때 하나님이 가장 기뻐하실까? 두 말할 것이 없다. 온 생명이 사랑으로 하나 되어 평화롭게 사는 것이다. 하나님의 형상을 가진 우리가 사슴처럼 기대어 행복하게 사는 것보다 하나님께 영광이 되는 일이란 없다. 우리가 악할지라도 자식들이 행복하게 사는 것을 기뻐하거늘, 하늘에 계신 아버지께서 당신의 형상을 가진 자들과 온 생명이 행복하게 사는 것을 어떻게 기뻐하지 않으시겠는가? 자유와 평화로 가득한 삶, 행복한 삶을 꿈꾸며 희망하는 것을 어떻게 기뻐하지 않으시겠는가? 성경의 모든 이야기 또한 하나님나라를 지향하고 있지 않은가? 그런데 성경 이야기의 중심이요 하나님의 역사 섭리의 종착점인 하나님나라의 삶의 일부분인 행복한 삶을 추구하는 것이 왜 문제란 말인가? 안 그런가?

일리를 넘어서라

지금까지 행복한 삶을 가로막고 있는 걸림돌들을 스치듯 살펴보았다. 상식처럼 소통되고 있지만 상식 속에 박혀 있는 오해와 편견들을 일별해보았다. 그런데 이미 확인한 것처럼 모든 오해에는 일리가 있다. 사실이다. 일리 없는 오해란 없다. 완전한 앎이란 처음부터 불가능하고, 완전한 거짓은 뿌리가 얕아서 쉬 뽑히기 때문에 사람의 앎이란 일리부분적 진리가 대부분이고, 그 일리에서 모든 오해가 발생한다. 물론 일리를 일리라고 생각하면 문제가 되지 않는다. 그런데 사람들은 대부분 일리를 일리라고 생각하지 않는다. 일단 일리가 있다 싶으면 쉽게 생각을 내려놓고, 일리에 안주해버린다. 그렇게 해서 일리 안에 스스로를 가둔다. 그리고 일리 안에 갇히게 되면 일리는 점차 오해로 발전하고, 오해로 발전한 일리는 결국 진실의 덩어리를 보지 못하게 가로 막는다. 그렇다. 일리의 안경으로는 있는 그대로의 진실을 볼 수가 없다. 진실의 덩어리를 제대로 보기 위해서는 일리를 넘어서야 한다. 그런데 우리는 그동안 일리에 안주해왔다. 그리고 일리가 낳은 오해와 편견으로 덧칠된 안경을 통해 세상과 삶을 보아왔다.

그 결과 행복한 삶을 꿈꾸면서도 행복한 삶을 이상한 눈으로 바라보는 이율배반에 빠져 있었다. 행복한 삶을 당당하게 추구하지 못하고 주춤거렸다. 행복한 삶을 기쁘게 향유하지 못하고 송구스러워했다. 행복에 겨워 어떻게 할 줄 모르다가도 어느 순간 '나 이렇게 행복해도 되는 거야?' 라고 되물어야 했다. 정말이다. 행복에 대한 우리의 오해는 뿌리가 깊다. 하지만 이제는 일리를 넘어서야 한다. 오랫동안 우리의 발목을 잡아온 오해와 편견을 내려놓아야 한다. 그래야 편안하고 당당한 마음으로 행복한 삶을 찾아 나설 수 있다. 눈앞에 있는 행복을 감사한 마음으로 누릴 수 있다.

제**2**부

행복한 삶의
길을 찾아서

하늘을 통해 땅을 보라

피조물임을 기억하라

배우고 또 배우라

삶의 지평을 넓히라

사고는 넓게 생활은 작게

자유의 역량을 키우라

긍정의 눈을 가지라

지금 여기에 집중하라

비교하지 마라

고통의 현실을 대면하라

죽음과 삶의 역설을 기억하라

4 하늘을 통해 땅을 보라

이제부터는 아주 실제적이고 구체적인, 그러나 삶의 근원에 오롯이 깃들어 있는 전인적 행복, 삶과 삶이 만남으로써 폭발하는 행복을 하나하나 얘기해보려 한다.

우선 행복은 쟁취하는 것이 아니라 발견하는 것이라는 사실부터 확인하고 넘어가야겠다. 사람들은 대부분 행복을 쟁취해야 하는 것이라고 생각한다. 소유하고 쌓아놓을 수 있는 것이라고 생각한다. 그렇지 않다. 행복은 소유하고 쌓아놓을 수 있는 무엇이 아니다. 잔뜩 쌓아놓고 필요할 때마다 빼먹을 수 있는 곶감 같은 것이 아니다. 행복은 그저 삶 속에 깃들어 있는 은총이다. 창조주께서 삶의 도처에 행복이라는 보석을 흩뿌려 놓으셨기 때문에 우리는 그저 삶 속에 오롯이 숨어 있는 행복을 발견하기만 하면 된다. 발견하기만 하면 누구나 행복할 수 있다. 그렇다. 행복은 인생이라는 길을 걸어가면서 순간순간 보지 못하고 지나치면 그걸로 끝이다. 행복은 일회적이다. 순간적이다. 행복은 바람과 같아서 느끼고 감사할 수 있을 뿐 붙잡을 수는 없다. 이것이 필자가 말하려는 행복이야기의 근본 토대다.

그런데 사람들은 대부분 행복을 발견하려 하지는 않고 쟁취하려 든다. 돈을 통해, 성공을 통해, 권력을 통해 행복을 쟁취하려 든다. 행복은 그저 보는 것이지 쌓아놓을 수 있는 것이 아닌데도 사람들은 행복하기 위해 무언가를 쟁취하려 하고 쌓으려 한다. 하지만, 그 방식은 이미 실패였음이 증명되었다. 수많은 행복 연구가들에 의해 실패로 판명 났다. 그러므로 이제는 쟁취의 길을 버리고 발견의 길로 돌아서야 한다.

다시 말하지만, 행복은 삶을 바라보는 시선에서 피어난다. 때문에 행복한 삶을 사는 길은 아주 간단하다. '행복'이라는 보물을 볼 수 있는 눈만 뜨면 된다. 돈이 보여야 돈을 벌 수 있고, 대리석에서 형상이 보여야 조각을 할 수 있는 것처럼 행복한 삶도 삶 속에 깃들어 있는 '행복'을 볼 수 있으면 된다.

그렇다면 어떤 눈을 떠야 할까? 어떻게 해야 삶에 깃들어 있는 행복을 볼 수 있을까? 무엇보다도 하늘을 보는 눈을 떠야 한다. 행복이 하늘에 있어서가 아니다. 행복은 땅에 있다. 어둡고 불의하고 볼썽사나운 이 땅에 행복이 있다. 하지만, 땅에 있는 행복은 언제나 하늘을 통해서만 볼 수 있다. 땅에서는 땅을 제대로 볼 수 없고, 하늘에서 보아야 땅이 제대로 보이는 것처럼 행복 또한 그러하다. 하늘을 보지 않고서는 보이지 않는 분께서 펼쳐놓은 이 땅의 행복을 볼 수가 없다.

바울이 고백하는 행복한 삶

몇 가지 사례를 살펴보자. 성경을 읽을 때마다 고개를 갸우뚱거렸던 말씀이 있다. 객관적인 복음을 선포하는 데 주력한 바울이 데살로니가 교회에 편지하면서 "항상 기뻐하라. 쉬지 말고 기도하라. 모든 일에 감사하라"살전5:16~18고 권면한 말씀. 나는 바울의 이 권면을 읽을 때마다 '사람이 어떻게 항상 기뻐하고 모든 일에 감사한단 말인가? 이건 너무 비현실적인 요구 아닌가? 꿈같은 이야기 아닌가?' 하는 의문을 떨칠 수가 없었다. 아무리 생각해도 바울의 권면이 비현실적으로만 들렸다. 그런데 세월이 흐르면서 달라졌다. 비록 우리네 삶이 고단하고, 악이 들끓고, 배고픔과 불의가 가득하지만, 그럼에도 그 안에서 항상 기뻐할 수 있고, 모든 일에 감사할 수 있겠다는 생각이 들었다. 꼭 불가능한 일만은 아닐 수 있겠다는 생각이 들었다. 인생을 좀 살아보니 그렇더라. 인생이 단선적인 것만은 아니더라. 아파하면서도 기뻐할 수 있고, 절망에 통곡하면서도 감사할 수 있는 것이 인생의 신비요 신앙의 역설이더라. 그래서 바울의 권면이 매우 실제적인 이야기일 수 있겠다는 생각이 들었다.

바울의 삶이 그 진실을 말해준다. 그의 삶은 결코 순탄하지 않았다. 평안이나 배부름과는 거리가 멀었다. 예수의 복음을 전하다가 매를 맞기도 했고, 옥에 갇히기도 했고, 몇 차례 죽을 고비를 겪기도 했다. 그의 고백을 들어보자. "내가 수고를 넘치도록 하고, 옥에 갇히기도 더 많이 하고, 매도 수없이 맞고, 여러 번 죽을 뻔했으니 유대인들에게 사십에서 하나 감한 매를 다섯 번 맞았으며, 세 번 태장으로 맞고, 한 번 돌로 맞고, 세 번 파선하고, 7일 밤낮을 깊은 바다에서 지냈으며, 여러 번 여행하면서 강의 위험과 강도의 위험과 동족의 위험과 이방인의 위험과 시내의 위험과 광야의 위험과 바다의 위험과 거짓 형제 중의 위험을 당하고, 또 수고하며 애쓰고 여러 번 자지 못하고 주리며 목마르고 여러 번 굶고 춥고 헐벗었노라" 고전11:23~27 빌립보교회에 보낸 편지에서도 말한다. "어떤 형편에든지 내가 자족하기를 배웠나니 내가 비천에 처할 줄도 알고 풍부에 처할 줄도 알아 모든 일에 배부르며 배고픔과 풍부와 궁핍에도 일체의 비결을 배웠노라" 빌4:11~12 그랬다. 바울의 삶은 안락하고 풍성한 것과는 거리가 멀었다. 외적인 조건은 열악하고 험난했다. 하지만, 그럼에도 그는 항상 감사하고 기뻐했다. 모든 상황에 자족했다.

무슨 비결이라도 있었던 것일까? 매사를 긍정적으로 보는 낙천적인 성품을 타고나기라도 한 것일까? 아니다. 하늘을 통해 땅을 보는 신앙의 눈을 떴기 때문이다. 그리스도 안에서 계시로 말미암은 지식을 배우고 체득했기 때문이다. 바울은 말한다. "나는 내게 이로웠던 것은 무엇이든지 그리스도 때문에 해로운 것으로 여기게 되었습니다. 그뿐만 아니라, 내 주 예수 그리스도를 아는 지식이 가장 고귀하므로, 나는 그 밖의 모든 것을 해로 여깁니다. 나는 그리스도 때문에 모든 것을 잃었고, 그 모든 것을 오물로 여깁니다. … 내가 바라는 것은, 그리스도를 알고, 그분의 부활의 능력을 깨닫고, 그분의 고난에 동참하여 그분의 죽으심을 본받는 것입니다." 빌3:7~10 그렇다. 바울이 항상 기뻐하고 모든 일에 감사하며 어떤 형편에서든지 자족할 수 있었던 비밀은, 그가 땅을 통해 땅을 보지 않고 하늘을 통해 땅을 보았기 때문이다. 예수 그리스도를 통해 세상과 삶을 보았기 때문이다.

진정한 기쁨과 감사의 길

나는 스무 살이 되던 해에 예수님을 만났다. 정말 예기치 않게 그분을 만났다. 그런데 그분과의 만남은 단순한 만남이 아니었다. 새로운 인식의 세계를 열어준 만남이었다. 그분은 창조주시라는 것, 동시에 나는 그분의 피조물이라는 것, 나는 말할 수 없는 죄인이라는 것, 그리고 비록 죄인이지만 그분의 지극한 사랑을 받고 있다는 사실에 눈을 뜨게 해준 만남이었다. 이 인식은 그냥 주워들은 지식하고는 차원이 달랐다. 학습으로 알게 된 지식하고는 근본이 달랐다. 존재론적 지식이라고나 할까, 눈이 열렸다고나 할까, 아무튼 예전엔 전혀 알 수 없었던 새로운 진실이 눈에 들어왔다. 갑자기 온 세상이 새롭게 보였다. 이전에 보지 못했던 것들이 보였다. 물론 세상이 변한 건 아니었다. 세상은 변하지 않았지만 모든 것이 변해있었다. 내 존재도 변한 것이 없었지만 새롭게 보였다. 나는 그때까지 내가 사랑받는 존재라는 사실을 몰랐었다. 내가 그분의 형상을 입은 피조물이요, 그분의 사랑을 받는 존재라는 걸 까마득히 몰랐었다. 그런데 하나님을 통해 나를 보니, 내가 새롭게 보였다. 내가 하나님의 형상을 따라 지음 받은 위대한 존재라는 사실이 보였다. 그분의 사랑을 받는 존귀한 존재라는 사실이 보였다. 그리고 내 삶이 그처럼 소중해 보일 수가 없었다. 정물처럼 붙박여 있던 세상이 나에게 말을 걸어왔다. 나 또한 세상에 말을 건넬 수 있었다. 정말 놀라웠다. 황홀했다. 행복했다. 행복과 내가 하나 된 느낌이었다.

시인 송명희. 그녀는 태중에 있을 때 작은 실수로 뇌를 다쳐 뇌성마비로 태어났다. 열 살이 되어서야 겨우 숟가락을 들었을 정도

로 그녀의 몸은 몸이 아니었다. 더욱이 가정은 가난했고, 아버지는
결핵으로 시달렸다. 당연히 하나님과 부모님을 원망했다. 그러나
17세가 되던 해에 하나님을 만나는 경험을 한 후 그녀는 달라졌다.
아름다운 시편을 통해 새로운 차원의 삶을 노래하고 있다. 감사와
행복을 노래하고 있다. 그녀의 시편 하나를 보자.

나는 세상을 부러워하지 않습니다.
나는 세상의 부귀와 영화를 보고 잠시
부러워할 때가 있습니다.
나는 어리석은 부자처럼
나는 사람들을 잠깐 부러워할 때도 있습니다.

나는 세상을 부러워할 때도 있으나
세상의 무엇으로도 비할 수 없는
하나님의 놀라운 사랑을
보고 그 사랑에 잠기게 되면
나는 세상을 부러워하지 않습니다.
세상이 아무리 좋아도
나는 세상을 부러워하지 않습니다.
하나님이 주신 소망과

세상보다 더 좋은

천국을 바라봄으로

나는 세상을 부러워하지 않습니다.

세상에서 가장 부자유한 몸으로 살아가는 그녀가 세상을 잠시 부러워하다가도 세상을 부러워하지 않는다고 말한다. 참 믿기 어려운 고백이다. '자기 환상에 빠져 있지 않다면 과연 그럴 수 있을까?' 하는 의구심이 들 만큼 믿기 어려운 고백이다. 하지만, 그녀는 세상을 잠시 부러워할 만큼 분별력이 또렷하다. 자신이 얼마나 부족한지도 잘 안다. 그런데 그녀는 세상을 부러워하지 않는다고 말한다. 무엇 때문일까? 그녀가 고백한 대로다. 하나님의 놀라운 사랑, 하나님이 주신 소망, 종말론적으로 완성될 하나님나라에 눈을 떴기 때문이다. 하늘을 통해 땅을 볼 수 있었기 때문이다.

마음의 조율과 공명

신발이 발에 꼭 맞으면 신발을 신었는지 안 신었는지를 의식하지 못하는 법이다. 안경도 눈에 꼭 맞으면 안경을 쓰고 있다는 사실조차 잊은 채 안경을 찾느라 부산을 떨기도 한다. "업은 애기 3년을 찾는다"는 말도 있지 않던가. 우리의 마음도 그렇다. 우리의 마음이 하나님의 마음과 조율되어 있으면 마음을 잊게 된다. 우리 마음이 하나님의 마음과 공명을 이루지 못하면 이해관계를 따지게 되고, 누군가가 괜스레 미워지고, 질투심이 솟구치고, 남이 가진 떡이 더 커 보이고, 마음을 어디에 묶어 두어야 할지를 모를 정도로 부산하지만, 우리의 마음이 하나님의 마음과 조율되어 있으면 시시비비를 잊게 되고, 번민과 갈등이 가라앉게 된다. 마음의 균열이 없어지고 편안해지게 된다. 그리고 이런 편안함이 바로 행복이다.

그런 면에서 행복한 삶의 모델은 단연 예수님이라 할 수 있다. 예수님은 하나님나라 외에는 그 무엇에도 마음을 빼앗기지 않은 분이다. 하나님 아버지와 소통하는 것을 가장 즐거워했던 분이다. 그분의 마음은 언제나 하나님의 마음으로 가득했고, 하나님나라가 그분의 모든 것이었다. 그랬기에 그분은 온갖 병든 자들을 껴안을 수 있었고, 주린 자들의 배를 채워 줄 수 있었다. 사단의 올무에 묶여 종살이하는 자들을 자유하게 할 수 있었다. 사람들의 생각과 익숙해진 전통에 매이지 않을 수 있었다. 누가 크냐는 싸움을 경계하시며 섬기는 자로 살 수 있었다. 죄인을 위해 자기 목숨까지 내어 놓을 수 있었다. 또 그랬기에 그분은 참으로 행복할 수 있었다. 온갖 죽임의 위협과 배신의 상처에도 자기 정체성을 잃지 않고 자기 존재와 삶에 충실할 수 있었다.

토마스 머튼은 "인간의 행복은 하나님의 행복과 그분의 무한한 자유와 그분의 완벽한 사랑에 참여하는데 있다"고 말했다. 헨리 나우웬은 "수많은 두려움, 이 세계가 보내는 경고 앞에서 종종 굴복하기도 하지만 나는 여전히 우리의 짧은 생애가 출생과 죽음이라는 경계 너머로 이어지는 훨씬 장구한 사건의 일부라는 사실을 철저하게 믿는다. 나는 나를 이 세상에 보내신 분, 다시 집으로 돌아와 배운 것들을 이야기하기를 기다리시는 분 때문에 나의 짧은 생애가 매우 신나고 즐거운 사명이 될 수 있다고 생각한다"고 말했다. 어거스틴은 "당신은 우리를 당신을 향해서 살도록 창조하셨으므로 우리 마음이 당신 안에서 쉴 때까지는 편안하지 않습니다"라고 고백했다.

사실이다. 바울, 예수님, 송명희, 토마스 머튼, 헨리 나우웬, 어거스틴, 그 외에도 수많은 하나님의 사람들은 하나같이 행복의 노래를 불렀다. 그것도 돈과 명예로 치장한 행복이 아니라 심령이 가난한 자에게 임하는 행복, 육신의 고난과 생활의 불편함에도 누리는 행복이었다. 그 무엇에도 흔들리지 않는 뿌리 깊은 행복이었다. 세상이 줄 수 없는 샬롬에서 오는 행복이었다. 텅 빈 충만의 행복이었다.

여기서 한 가지 생각해보자. 저들이 부른 행복의 노래가 과연 심리적인 기제로 가능할까? 심리적인 자기 훈련, 생각을 전환하는 기술, 긍정적인 생각으로 가능할까? 요즘 행복에 관한 이야기들을 살펴보면 그런 이야기들을 많이 하는데 과연 그럴까? 그렇지 않다. 심리적인 자기 훈련이나 생각을 긍정적으로 전환하는 기술이 잠깐의 행복에는 도움이 되겠지만, 근원적인 행복, 텅 빈 충만의 행복, 항상 기뻐하고 모든 일에 감사할 수 있는 차원의 행복으로까지 인도하지는 못한다. 예수님이 사마리아의 수가라 하는 마을의 우물가에서 한 여인을 만났을 때 뭐라 하셨는가? "이 물을 마시는 사람은 누구나 다시 목마를 것" 요4:13~14이라고 하셨지 않은가? 옳다. 세상을 통해 얻는 행복은 다시 목마르게 된다. 하나님으로부터 흘러나오는 생명의 물을 마시지 않고서는, 하늘을 통해 땅을 보지 않고서는 온전한 행복을 노래할 수 없다.

행복한 삶의 근원은 하나님이시다. 진정한 행복, 어떤 상황에서도 흔들리지 않는 기쁨은 오직 하나님을 아는 지식, 그분의 사랑에 대한 신뢰, 그분의 약속을 향한 희망으로만 가능하다. 용암처럼 끓어오르는 인간의 원초적 욕망을 창조적인 에너지로 전환하고 통제할 수 있는 능력도 하나님을 아는 지식과 그분의 통치를 기쁘게 받아들이는 것을 통해서만 가능하다.

높은 산에 올라보면 거대한 빌딩들이 성냥갑보다 작게 보인다. 우주를 비행한 자들의 전언으로는 지구조차도 작은 공처럼 보인다고 한다. 일본의 다치바나 다카시는 우주를 여행한 비행사들의 특별한 경험을 모아 『우주로부터의 귀환』이라는 책을 냈다. 그는 아폴로 7호선의 비행사 아이즐리의 이야기를 다음과 같이 전한다. "눈 아래로 지구를 보고 있으면 지금 현재 어딘가에서 인간과 인간이 영토와 이데올로기를 위해 피를 흘리고 있다는 사실이 거의 믿어지지 않을 정도로 바보 같은 짓처럼 생각된다. 아니, 정말 바보다. 소리를 내서 웃고 싶을 정도로 그것은 바보짓이다…. 차이점으로 보이는 모든 것이 우주에서 보면 아예 눈에 들어오지도 않는다. 그것은 중요하지 않은 차이이다. 우주에서는 중요하지 않은 것은 보이지 않고 본질만 보인다. 표면적인 차이는 모두 날아가 버리고 다 같은 것으로 보인다. 차이는 현상이고 본질은 동일성이다." 아, 정녕 그랬을 것이다. 표면적인 차이는 모두 날아가 버렸을 것이다. 아이즐리는 우주 비행 이후 인생을 사는 태도도 달라졌다고 말한다. "무엇보다 큰 변화는 인생관이랄까, 인생을 사는 태도가 바뀐 것이다. 긴장을 풀고 인생을 살아가게 되었다. 세상에 대해 나 자신의 존재를 증명해 보이겠다는 생각이 없어졌다. 나의 에너지를 밖으로 향하기보다는 안으로 향하여 쏟게 되었다. 가정이나 가족,

나의 내적 정신 상태 같은 것을 가장 먼저 생각하게 되었다. 그 때문에 매일 평화롭고 조용한 생활을 하고 있다. 인생을 즐기고 있다." 참 공감이 가는 이야기이다. 아마 우리도 광활한 우주의 품으로 날아가 보면 아이즐리처럼 세상과 삶이 새롭게 보일 것이다.

하물며 온 우주 만물을 창조하신 하나님의 위대하심에 눈을 뜨면 어떻게 될까? 우주 만물을 다스리시는 하나님의 광대하심에 눈을 뜨면 어떻게 될까? 하나님이 지구촌을 바라보시는 그 눈으로 세상을 보면 어떻게 될까? 정녕 땅을 통해 땅을 보던 때와는 모든 것이 달라 보일 것이다. 정물처럼 붙박여 있던 세상이 생생하게 살아 숨 쉬는 생명의 세상으로, 그분의 지혜와 사랑이 충만한 세상으로 새롭게 보일 것이다. 모든 것이 그분의 선물로 변화되는 대격변이 일어날 것이다. 그리고 그 순간 임하는 것이 바로 행복이다.

신앙이 무엇인가? 신앙은 땅에서 하늘을 바라보는 것이 아니다. 하늘을 통해 땅을 보는 것이 신앙이다. 하나님의 눈으로 하늘과 땅의 진실을 보는 것이 신앙이다. 신앙은 종교적인 세계, 영적인 세계에 몰입하는 것이 아니다. 종교적인 진리를 아는 것이 아니다. 신앙은 눈에 보이는 것과 눈에 보이지 않는 세계를 통전적으로 보는 것이다. 계시적 진리를 통해 창조자와 그분께서 펼치신 세상과 삶을 보는 것이다. 그리고 그런 신앙의 눈으로 세상을 볼 때에

비로소 세상을 통해 세상을 보던 때와는 전혀 다른 세계를 보게 된다. 땅에 깃들인 축복과 은총을 보게 되고, 삶에 숨어 있는 행복을 보게 된다. 바로 이것이 신앙의 기적이다. 물론 모든 신앙인이 하늘을 통해 땅을 보는 건 아니다. 그리스도를 믿는 신앙이라고 해서 하늘을 본다고 장담할 수도 없다. 하지만, 하늘을 통해 땅을 보아야 삶에 숨어 있는 행복을 볼 수 있다는 것은 변할 수 없는 진실이다.

행복은 마치 음악과 같다. 음악이 악보에 있지만 악보를 읽고 연주하는 순간에만 음악이 존재하듯이 행복도 그렇다. 생활의 악보를 읽고, 그 악보대로 살아내는 순간에만 행복을 맛볼 수 있다. 그런데 생활의 악보는 땅에 있지 않고 하늘에 있다.

다시 처음 이야기를 해야겠다. 행복은 쟁취하는 것이 아니라 발견하는 것이다. 행복은 지금 이 순간에도 우리에게 발견되기를 기다리며 저만치에 숨어 있다.

5 피조물임을 기억하라

우리가 행복하기 위해서는 하늘을 통해 땅을 보는 신앙의 눈을 떠야 한다. 이 눈을 뜨지 않으면 누구도 이 땅에 깃들어 있는 참 행복을 볼 수가 없다. 그런데 행복을 보려면 또 하나의 눈이 필요하다. 내가 누구인지를 아는 눈. 나는 어떤 존재인지, 강점과 약점은 무엇인지, 어떤 유형의 사람인지, 잘할 수 있는 것은 무엇인지, 몸의 체질은 어떠한지를 아는 눈을 떠야 행복하게 살 수 있다.

물론 사람이 자기 자신을 안다는 것은 참으로 어려운 일이다. 20세기 프랑스의 시인이요 비평가인 폴 발레리는 "인간은 스스로 생각하는 것보다 훨씬 복잡한 존재"라고 했다. 지혜의 교사로 한 시대를 풍미했던 크리슈나무르티는 "자신에 대한 앎에는 끝이 없으며 결론에 도달할 수도 없다"고 했다. 옳다. 내가 누구인지를 아는 일은 평생을 궁구해도 다 알 수 없는 요원한 숙제다. 하지만, 알 수 없다고 해서 접어두고 살면 안 된다. '내가 누구인지를 알아야 한다'는 기본지침을 접어둔 채 사는 것보다 어리석은 일은 없다. 그 옛날 그리스의 아폴론 신전에 "너 자신을 알라"는 격언을 새겨 놓은 것도 그런 어리석음을 깨우치기 위해서일 것이다.

자신을 안다는 것

그렇다면 사람은 어떤 존재일까? 무엇을 알아야 사람을 안다고 할 수 있을까? 흔히 사람을 일컬어 생각하는 갈대, 직립하는 동물, 도구를 사용하는 존재, 사회적 동물, 문화적 존재, 미완성 교향곡, 역사적 존재, 종교적 존재, 자기 자신과 관계하는 유일한 존재, 성적인 존재라고들 말한다. 다 일리가 있다. 사람이란 본래 한 마디로 규정할 수 없는 존재이기 때문에 여러 측면에서 접근하고 이해하는 것이 필요하다. 사회적으로, 문화적으로, 생물학적으로, 종교적으로, 심리학적으로 다양하게 조명하는 것이 필요하다. 하지만, 사람이 자기를 안다는 것은 이 모든 것 이상을 의미한다.

사람이 자기를 알려면 적어도 두 가지 근원적 진실을 인식해야 한다. 나를 만드신 분이 있다는 것과 나는 피조물이라는 진실 말이다. 성경은 하나의 위대한 선포로 시작한다. "태초에 하나님이 천지를 창조하셨다"창1:1 이 짧은 한 마디는 성경 이야기의 시작이며 근본이고, 온 세상과 온 생명의 시작과 근본을 이해할 수 있는 근거이자 창이다. 우리가 세상과 생명의 신비를 이만큼이라도 엿보고 해석할 수 있는 것도 이 한 마디가 있기 때문이다. 사람에 대해서는 더더욱 그렇다. 사람은 하나님의 형상을 따라 만들어졌다. 그래서 사람이 자기를 알려면 마땅히 하나님을 알아야 하고, 하나님에 의해 만들어진 피조물이라는 근원적 진실을 알아야 한다.

하나님이 사람에게 선악을 알게 하는 나무의 열매를 먹지 말라고, 먹는 날에는 정녕 죽는다고 금령을 내리신 것도^{창2:17} 다른 뜻이 있어서가 아니다. 인간은 피조물이라는 근원적 진실을 기억하게 하려고 그런 것이다. 하나님은 창조자이시고 사람은 그의 피조물이라는 이 사실이야말로 사람이 기억해야 할 근본 인식이기 때문에, 그 인식을 망각하는 것은 곧 죽음을 부르는 것이 될 만큼 중대한 인식이기 때문에, 그걸 잊지 말라고 선악을 아는 나무를 에덴에 두신 것이다. 그런데 아담은 하나님이 금하신 열매를 먹음으로써 피조물 됨의 운명과 한계를 팽개쳐버렸다. 하나님은 창조자이시고 사람은 그의 피조물이라는 근본 진실을 폐기처분해버렸다. 이것이 바로 죄다. 신학자 아더 홈즈가 "피조성을 거부하는 것이 죄의 핵심"이라고 말한 대로 피조물 됨을 망각하는 것이야말로 죄의 본질이요 핵심이다.

반대로 피조물이 자신의 피조성을 인식하고, 피조물 됨의 운명과 한계를 받아들일 줄 아는 것은 축복 중의 축복이고, 은총 중의 은총이다. 피조성을 깊이 인식하는 것이야말로 삶의 초석이며 존재 인식의 제일 원칙이다. 나는 하나님을 만난 이후 존재 인식의 제일 원칙을 잊어본 적이 없다. 아니, 잊으면 안 되겠기에 아침마다 기도했다. '하나님, 저는 피조물입니다. 제가 피조물이라는 진실을 잊게 않게 하소서. 오늘도 피조물로 살게 하소서' 라고. 그런데 사람들은 그렇게 생각하지 않는 것 같다. 자신의 피조성을 깊이 인식하는 것을 중요하게 생각하지 않는 것 같다. 영어를 유창하게 하는 것은 중요하게 생각하지만, 자신의 피조성을 기억하는 것은 중요하게 생각하지 않는 것 같다. 자신이 피조물임을 아는 것이야말로 자신을 아는 앎의 초석이요, 든든한 삶의 반석이며, 행복의 세계로 들어가는 문인데 말이다.

피조성 위에 세운 삶의 축복

진실로 그렇다. 사람이 자신의 피조성을 깊이 인식하며 사는 것은 결코 작은 축복이 아니다. 사소한 것 같지만 매우 의미 있는 축복이다. 몇 가지만 살펴보자.

첫째, 창조주 하나님을 내 필요에 따라 수단화하거나 동원하는 치졸한 종교적 행위를 하지 않게 된다. 하나님을 수단화하고 동원하는 것은 가장 빈번하게 나타나는 신앙의 위험이요 왜곡이다. 내 필요에 따라 하나님을 동원하고, 복과 영생을 얻으려고 전능자를 불러들이는 것은 인간의 이기적인 천성이며 습성화된 종교성의 표출이다. 전능자에게 의존하면서도 전능자를 동원하는 이중적 양태야말로 거의 모든 신앙생활에 내재해 있는 보편 현상이다. 하지만, 창조주 하나님을 알고, 또 자신의 피조성을 깊이 인식하는 자는 쉽게 그런 오류에 빠지지 않는다. 창조주를 자기 뜻대로 조종하려는 의지가 오만의 극치임을 알기에 하나님을 조종할 엄두를 내지 않는다. 더욱이 자신의 피조성을 깊이 인식하게 되면 하나님의 은총이 커 보이고, 존재하는 모든 것이 그분의 선물로 다가오는 인식의 변화와 확장이 일어나기 때문에 굳이 조종할 필요를 느끼지 않는다.

둘째, 선악을 판단하는 재판관 노릇을 하지 않게 된다. 선악을 판단하실 이는 오직 여호와 하나님밖에 없다는 것을 알고, 스스로 재판관 노릇을 하는 오만에 빠지지 않는다. 물론 사람은 윤리적인 판단을 하며 살아야 한다. 선과 악을 분별하며 살아야 한다. 그런데 성경은 이상하게도 인류의 죄악이 선악을 아는 열매를 먹는 것으로부터 시작되었다고 말한다. 선악을 아는 것이 죄의 출발이요, 곧 죄라고 말한다. 정말 그럴까? 정말 선악을 아는 것이 죄일까? 삶의 현실을 잠깐만 살펴보자. 당신이 경험하는 불행과 아픔이 대부분 어디에서 시작되는 것 같은가? 당신의 마음이 불편할 때가 언제인 것 같은가? 아마 선악을 판단하거나 판단 받을 때일 것이다. 혹시나 이해가 잘 안 된다면 한 번 실험해보라. 당신이 재판관이 되어 주변 사람들의 일거수일투족을 선악 간에 판단해 보라. 그리고 옆에 있는 사람에게 판단을 받아 보라. 당신은 틀림없이 불행해지고 말 것이다. 이건 명백한 사실이다. 스스로 재판관 노릇을 하면서, 또 재판관 옆에 살면서 행복을 노래할 수 있는 사람은 아무도 없다. 하나님께서 선악과를 먹지 말라 하신 것도 바로 그 때문이다. 사실 선악을 아는 것이 왜 죄인지는 간단하게 말할 수 있는 문제가 아니다. 여기서 그 문제를 다 말할 수도 없거니와 말할 계제도 아니다. 단지 사람에게는 선과 악을 판단할 수 있는 능력이 없다는 것, 선악의 문제는 윤리적 차원을 넘어서는 일이라는 것, 또 우리가 상상하는 것보다 훨씬 복잡하고 미묘해서 인간의 지식이나 지혜로는 절대 포착할 수 없다는 것만 지적하고 넘어가자.

셋째, 창조자 앞에서 알몸으로 살 수 있는 자유를 누리게 된다. 자신이 피조물임을 깊이 인식하는 자는 그분 앞에서 굳이 자신의 존재를 감추거나 꾸밀 필요를 느끼지 않는다. 흠투성이 그대로, 연약함 그대로, 한계성을 안고 사는 존재 그대로 하나님 앞에서 살면 된다. 하나님을 알고 나의 피조물 됨을 알면 불완전함을 부끄러워할 것도 없고, 절대적인 한계를 극복하기 위해 헛된 노력을 할 필요도 없어진다.

넷째, 독립된 개체로 살지 않을 수 있게 된다. 사람이 자신의 피조성을 깊이 인식하게 되면 창조자와 수많은 생명의 그물망을 보게 된다. 창조자와 만물의 도움 없이는 한순간도 살 수 없다는 근원적 진실에 대해서도 눈이 열린다. 그렇기 때문에 세상이 자기를 중심으로 돌아가야 한다는 엉뚱한 망상을 하지 않을 수 있게 된다. 또 자신의 삶을 수많은 존재의 그물망 위에 사뿐히 내려놓을 줄도 알게 된다. 만인과 만물에 감사할 줄도 알게 되고, 쌀 한 톨의 위대함과 모래알 하나의 소중함도 알게 된다. 풀 한 포기가 있으므로 내가 있다는 놀라운 진실도 알게 된다.

그렇다. 행복은 바로 이런 삶의 태도에서 나온다. 그리고 이런 삶의 태도는 자신의 피조성을 깊이 인식하지 않고서는 나올 수 없다.

신앙의 정수

피조물이 자신의 피조성을 인식하는 것은 겸손이 아니다. 피조물이 창조자의 영광과 권위를 인정하는 것은 미덕이 아니다. 피조물이 창조자의 말씀에 귀 기울이는 것은 경건이 아니다. 그것은 자신이 피조물임을 아는 데서 나오는 마땅하고도 자연스러운 태도일 뿐이다. 그리고 그런 태도로 사는 것이야말로 성경이 말하는 신앙의 본질이라 할 수 있다. 성경이 말하는 신앙은 종교적인 영역이나 영적인 세계에 제한되는 것이 아니다. 삶의 모든 영역, 세속의 모든 일이 주님과 연결되고 주님 안으로 들어오는 삶의 체계이다. 아주 소박하게 말하면 쌀 한 톨 속에서 하나님을 보고, 봄을 알리는 진달래 꽃망울 속에서 하나님의 손길을 느끼고, 오늘 내 앞에 벌어지는 크고 작은 일들 속에서 하나님의 임재와 사랑을 느끼는 것이라 할 수 있다.

바울은 데살로니가 교회 형제들에게 권면했다. "항상 기뻐하십시오. 끊임없이 기도하십시오. 모든 일에 감사하십시오. 이것이 그리스도 예수 안에서 여러분에게 바라시는 하나님의 뜻입니다." 살전 5:16 사실 이 권면은 자신의 피조성을 아는 자가 아니면 할 수 없는 권면이다. 또 자신의 피조성을 알지 못하고서는 이렇게 살 수도 없다. 항상 기뻐할 수도 없고, 끊임없이 기도할 수도 없고, 모든 일에 감사할 수도 없다.

자신이 피조물임을 알지 못하는 자가 어떻게 기도할 수 있겠는가? 눈앞에 펼쳐져 있는 모든 것이 창조주께서 베푸신 선물임을 알지 못하는 자가 어떻게 감사할 수 있겠는가? 시편 기자는 이렇게 노래했다. "내가 산을 향하여 눈을 들리라. 나의 도움이 어디서 올꼬? 나의 도움이 천지를 지으신 여호와에게서로다. 여호와께서 너로 실족지 않게 하시며, 너를 지키시는 자가 졸지 아니하시리로다. 여호와는 너를 지키시는 자라. 여호와께서 네 우편에서 네 그늘이 되시나니, 낮의 해가 너를 상치 아니하며, 밤의 달도 너를 해치 아니하리로다. 여호와께서 너를 지켜 모든 환란을 면케 하시며 또 네 영혼을 지키시리로다. 여호와께서 너의 출입을 지금부터 영원까지 지키시리로다."^{시편121} 이 노래 역시 자신이 창조자의 보호를 받는 피조물임을 알지 못하고서는 부를 수 없는 노래다.

인간이 피조물이라는 건 영원히 변할 수 없는 근원적 진실이다. 예수님이 재림하시고 새 하늘과 새 땅이 도래한다 해도 결코 변할 수 없는 절대 진실이다. 사람이 만들어진 존재라는 사실은 벗어야 할 무거운 짐이 아니다. 숨겨야 할 수치가 아니다. 사람이 만들어진 존재라는 사실은 수치가 아니라 자랑이며, 짐이 아니라 은총이다. 피조물 됨의 운명과 한계를 인식하고 받아들이는 것이야말로 든든한 삶의 밑동이다.

창조는 실로 성경의 첫 번째 선언이다. 창조는 기독교 신앙의 바탕이요 근원이다. 그리고 내가 피조물이라는 인식은 자신을 아는 근본 인식이다. 모든 그리스도인이 창조 신앙을 고백하는 것도 그 때문이다. 하지만, 오늘 그리스도인들이 고백하는 창조 신앙이 과연 살아있는 생생한 고백일까? 날마다, 아침마다, 순간마다 기억하고 되새기는 삶의 근원적 진실일까? 혹 무력한 구호에 불과한 건 아닐까? 교회에서 주워들은 종교적인 지식 나부랭이는 아닐까? 만일 우리의 창조 신앙이 무력한 구호에 불과하다면, 교회에서 주워들은 종교적인 지식에 불과하다면, 우리의 신앙은 모래 위에 쌓은 성에 지나지 않는다. 그리고 무력한 구호와 종교적인 지식에 기초한 신앙으로는 진리의 반석 위에 설 수 없다. 그런 신앙으로는 행복의 노래를 부를 수 없다.

삶의 노래, 행복의 노래는 누구나 부를 수 있는 노래가 아니다. 삶의 노래, 행복의 노래는 오직 자신의 피조성을 뼛속 깊이 인식하고 날마다, 아침마다, 순간마다 그분 앞에서 되새김질하는 자만이 부를 수 있는 매우 특별한 노래다.

6 배우고 또 배우라

　　　　　　앞에서 우리는 행복은 쟁취하는 것이 아니라 발견하는 것이라는 것, 행복을 보기 위해서는 눈을 떠야 한다는 것을 살펴보았다. 눈을 떠야 걸음을 뗄 수 있겠기에 하늘을 통해 땅을 보는 신앙의 눈, 자신의 피조물 됨을 아는 자아 정체성의 눈에 대해 이야기했다. 이제부터는 구체적인 행동 강령과 삶의 지침에 대해 살펴보려 한다.

　　행복한 삶을 위한 첫 번째 행동 강령은 '배우라' 이다. 사람은 모든 피조물 가운데 유일하게 학습하는 존재다. 꽃은 꽃으로, 사자는 사자로 태어나는 것으로 충분하지만, 사람은 사람으로 태어나는 것만으로는 충분치 않다. 사람은 학습이라는 매우 어려운 배움의 과정을 통과해야만 사람이 된다. 걷는 것 하나만 해도 그렇다. 소나 말은 태어나자마자 걷는다. 하지만 사람은 수백, 수천 번의 연습을 해야만 비로소 한 걸음을 뗀다.

중국의 문필가 왕멍은 인생에서 가장 중요한 것 중의 하나는 생존이고, 다른 하나는 배움이라고 했다. 그는 자전적인 에세이 『나는 학생이다』에서 "비록 나의 학력은 고등학교 1학년에 그쳤지만, 그 이후 나는 조금도 배움을 게을리 하지 않았다. 나는 끊임없이 읽었으며, 각 분야의 지식을 쌓아나갔을 뿐만 아니라 일상생활에서도 모든 사람을 스승으로 모셨고, 곳곳에 나의 교실이 있었고, 시시각각 언제나 학기 중이었다"라고 했다. 그는 늙어서도 '학생'을 자칭하며 살았다. "나는 이미 고희의 나이를 넘긴 사람이다. 그러나 지금도 '나는 학생이다'라고 자신을 칭하고 있다." 그렇다. 사람은 무릇 학습하는 존재다. 걸음걸이에서부터 모든 것을 배워야만 사람이 될 수 있고 사람답게 살 수 있다. 특히 사랑하는 법과 행복하게 사는 법은 꼭 배워야 한다. 배움과 삶, 배움과 행복은 따로따로가 아니다. 배움, 삶, 행복은 사실 하나다. 삶이 배움의 과정이듯 행복 또한 배움의 과정에서 피어나는 삶의 꽃봉오리이다.

책을 읽으라

사람이 배움의 세계로 들어가는 길은 많다. 그중에서도 첫손에 꼽을 수 있는 길은 책 속으로 들어가는 길이다. 책은 사람의 경험, 생각, 지혜, 이야기가 담겨 있는 위대한 보고이다. 자연과학, 사회과학, 심리학, 역사적 논쟁과 사건들, 종교적 경험과 사색들, 철학,

의학, 법, 경제, 경영, 취미, 예술, 기술의 발달 등 인간의 모든 관심사가 켜켜이 쌓여 있는 인류의 유산이다. 그러기 때문에 무엇이든 궁금한 것이 있으면 책을 펼치면 된다. 책을 펼쳐 그 속으로 들어가기만 하면 그 속에 나의 고민이 있고, 풀어야 할 문제가 있고, 들어야 할 지혜가 있고, 찾아야 할 길이 있다. 진솔하고 깊이 있게 삶과의 대화를 끝없이 펼칠 수 있는 것도 역시 책이다.

책 세상은 특별한 사람에게만 허락된 세계가 아니다. 누구든 호기심과 관심만 있으면 언제나 들어가 놀 수 있는 만인의 세계가 바로 책 세상이다. 더욱이 책 세상에는 삶의 모든 관심사를 놓고 끝없이 대화할 수 있는 최고의 스승들이 상시 거주하고 있어서 누구라도 책을 펼치기만 하면 최소의 비용으로, 그것도 밤이건 낮이건 시간 제약 없이 최고의 스승들을 만나 대화할 수 있다. 특히 책 세상에서는 부모, 선생님, 매스컴이 잘 말해주지 않는 이야기까지도 들을 수 있다. 사실 책을 읽는다는 것은 글자를 읽는 것이 아니다. 세상과 삶을 읽는 것이다.

카롤린 봉그랑은 키에르케고르의 『유혹자의 일기』를 읽고 이와 같은 고백을 했다고 한다. "그 책 덕분에 내 삶은 하루아침에 달라졌다. 갑자기 삼라만상이 저마다 의미를 띠었고, 나는 누군가를 위해 존재하고 있었다. 한 마디로 나는 존재하고 있었다. 나는 기쁜 마음으로 잠들었다가 기쁜 마음으로 일어났다"고 말이다. 앙드레 지드는 독서의 유익에 대해 경구 같은 한 마디를 남겼다. "한 권의 책을 읽고 책꽂이에 꽂았다. 그러나 나는 조금 전, 책을 읽기 전의 내가 아니었다."

부족하기 이를 데 없는 필자도 그랬다. 예수님을 알고 난 후 성경과 책을 읽을 때면 눈에서 비늘이 떨어져 나가고, 세상과 삶을 보는 눈이 새롭게 열리는 기쁨에 어떻게 할 바를 몰라 했던 적이 한두 번이 아니다. 좋은 책을 읽을 때보다 더 유익하고, 더 행복한 시간이 없었다. 얼마나 책을 읽는 게 좋았던지 밥을 먹을 때에도, 버스를 기다릴 때에도, 화장실에서도, 기차 안에서도, 심지어 길을 걸을 때에도 책을 읽었다. 약간의 짬이라도 나면 여지없이 책을 읽었다. 또 인생에서 가장 힘들었을 때, 깊은 어둠에 사로잡혀 있었을 때, 혼자의 힘으로는 하나님을 부여잡는 것조차 어려웠을 때에 나를 위로해주고, 보듬어주고, 격려해 준 것도 책이었다. 나는 헨리 나우웬의 손을 잡고 영적인 어둠의 터널을 빠져나와 주님의 보좌로 나아갈 수 있었다.

자신을 스스로 '책만 읽는 바보'라고 불렀던 조선시대의 독서광 이덕무는 "오로지 책 보는 것만 즐거움으로 여겨, 춥거나 덥거나 주리거나 병들거나 전혀 알지 못했다. 어릴 때부터 스물한 살이 되도록 일찍이 하루도 손에서 옛 책을 놓은 적이 없었다. 그 방은 몹시 작았지만, 동창과 남창과 서창이 있어 해의 방향에 따라 빛을 받으며 글을 읽었다. 지금까지 보지 못했던 책을 보게 되면 문득 기뻐하며 웃었다. 집 안 사람들은 내가 웃는 것을 보고 기이한 책을 얻은 줄을 알았다"고 했다. 또 어느 날 일기에는 "공자는 도대체 어떤 사람이기에 온화하고 화평한 말 기운으로 나로 하여금 거친 마음을 떨쳐내어 말끔히 사라지게 하고, 평정한 마음에 이르게 한단 말인가? 공자가 아니었다면 나는 거의 발광하여 뛰쳐나갈 뻔하였다"라고 썼다.

법정 스님은 책을 읽어야 할 이유를 이렇게 말했다. "사람은 책을 읽어야 생각이 깊어진다. 좋은 책을 읽고 있으면 내 영혼에 불이 켜진다. 읽는 책을 통해서 사람이 달라진다. 깨어 있고자 하는 사람은 항상 탐구하는 노력을 기울여야 한다. 그 누구를 가릴 것 없이, 배우고 찾는 일을 멈추면 머리가 굳어진다. 머리가 굳어지면 삶에 생기와 탄력을 잃는다. 생기와 탄력이 소멸하면 노쇠와 죽음으로 이어진다." 그렇다. 세상에서 책을 읽는 기쁨만큼 커다란 기쁨이 없고, 책을 읽는 유익만큼 커다란 유익이 없다.

삶을 깊이 보라 🦋

그러나 배움이라는 게 꼭 책 세상에만 있는 건 아니다. 세상과 삶을 관찰하는 것 또한 중요한 배움의 길이다. 신영복 교수는 감옥을 일컬어 '인생 대학'이라고 했다. 옳은 말이다. 감옥 밖에서는 사람들이 대부분 끼리끼리 만나고, 피차 적당히 가리고 포장하며 산다. 하지만, 감옥은 인생의 막장으로 가릴 것이 없다. 다양한 인간 군상들이 한정된 공간 안에서 하루 24시간을 비비다 보면 원초적인 욕망과 적나라한 인생살이가 그대로 드러나기 마련이다. 그러니 감옥이야말로 최고의 인생 대학이라 할 만하다. 감옥뿐 아니다. 사실은 생활이 배움이며, 삶 자체가 위대한 배움의 장이다. 그래서 가방끈이 짧고, 많은 책을 읽지 않았어도 삶을 열심히 산 사람, 삶을 깊이 읽으며 산 사람에게서는 삶의 지혜가 묻어난다. 말로는 표현할 수 없는 어떤 깊이와 여유로움이 배어 있다. 진실로 그렇다. 인생이라는 큰 스승에게 가르침을 받으며 사는 것보다 더 위대한 배움은 없다. 인생이야말로 삶의 가장 큰 스승이다.

그런데 사람은 마음이 가는 것만 볼 수 있는 이상한 눈을 가진 동물이다. 꽤 오래전 일이다. 아내가 첫 아이를 임신했을 때였다. 그때 거리에는 왜 그리도 배부른 여자들이 많던지. 배부른 여자들이 그렇게 많다는 사실에 정말 깜짝 놀랐던 기억이 있다. 아들 다운이가 어렸을 때에는 아들 또래의 아이들이 유독 눈에 들어왔다. 세상이 온통 아이들뿐이었다. 아들이 청년이 되자 이번에는 청년들이 눈에 들어왔다. 지금 내 눈에 보이는 청년은 예전에 보던 청년들이 아니다. 그들의 몸짓 하나, 입은 옷, 표정 하나하나까지 눈에 쏙쏙 들어온다.

인생도 그렇다. 인생에 관심이 없으면 삶을 살면서도 인생의 속살을 볼 수가 없다. 호기심 가득한 어린 아이의 눈과 귀로 보고 듣지 않으면 삶의 많은 표정을 읽을 수 없다. 삶이 들려주는 작은 이야기들을 들을 수 없다. 예민한 감각과 번득이는 통찰력으로 삶을 관찰하지 않으면 삶은 눈에 들어오지 않는다. 삶이 진정한 배움의 과정이 되려면 모든 촉수가 깨어서 삶 전반을 예민하게 살피고 느껴야 한다. 생활을 깊이 들여다보며 묻고 생각하고 되짚어 보아야 한다. 그래야, 현재의 방식으로 일하는 것이 유일한 방법이 아니라는 것을 깨닫고 대안을 찾을 수 있으며, 어제까지 보지 못했던 새로운 진실을 발견하고 즐거워할 수 있다. 내 존재와 삶에 얽힌 수많은 생명의 그물망을 발견하고 감사할 수 있다. 마음의 귀를 기울여야 하늘의 음성과 땅의 외침을 들을 수 있다. 인생은 삶의 큰 스승이다. 그러나 깨어 있지 않으면 인생의 모든 건 그저 스쳐 지나고 만다.

질문하라

배움이란 저절로 되지 않는다. 배움에도 조건이 있다. 이것 없이는 도무지 배울 수 없는, 배움의 세계로 한 발짝도 들어갈 수 없는 배움의 내적 조건이 있다. 바로 '물음'이다. '물음'이야말로 배움의 조건이자 첩경이다. "캐묻지 않은 삶은 인간에게 살 만한 가치가 없다"고 말한 소크라테스는 해답의 명수가 아니라 질문의 달인이었다. 그는 앎을 소유한 자가 아니라 앎을 추구한 자였다. 그랬기에 그는 진정한 인간, 진정한 철학자일 수 있었다.

법정 스님은 "자신이 누구이며 어디로 가고 있는지 늘 물으라. 때로는 전화도 내려놓고, 신문도 보지 말고, 단 10분이든 30분이든 허리를 바짝 펴고 벽을 보고 앉아서 나는 누구인가 물어보라. 이렇게 스스로 묻는 물음 속에서 근원적인 삶의 뿌리 같은 것을 확인할 수 있다. 항상 자신의 삶이 어디로 가고 있는가를 물을 수 있어야 한다. 인간은 늘 근원적인 물음 앞에 마주 서야 한다. 나는 어디서 왔는가. 나는 어디로 가는가. 그리고 나는 누구인가. 그런 물음과 대면하지 않는다면 진정한 인간의 삶이라고 할 수 없다. 항상 자신이 어디로 가고 있고 무엇을 향해 가고 있는가 물을 수 있어야 한다"고 말했다. 옳다. 물음 속에 배움이 있고, 묻는 자만이 배운다. 철학 교수 강영안은 "앎을 추구하면서 묻지 않는 것은 앞을 향해 달리기하려는 사람이 발을 내밀지 않고 한자리에서 계속 서서 뛰는 것과 같다"고 했다.

자, 물음이 없는 사람이 있다고 상상해보자. 호기심도 없고, 사심 없이 관심을 기울일 줄도 모르는 사람이 있다고 상상해보자. 전통과 편견이 정해놓은 굴레를 당연한 듯 끌어안고 사는 사람이 있다고 상상해보자. 그 삶이 어떠리라 생각되는가? 그리 어렵지 않게 상상이 될 것이다. 정녕 끔찍할 만큼 삭막하고, 무미건조하고, 지루할 것이다. 생명의 발랄함이란 찾아보기 어려울 것이다. 무릇 생명의 생기발랄함은 질문 속에 있다. 끝없이 묻는 아이들을 보라. 얼마나 생기발랄한가! 얼마나 인간다운가! 진실로 그렇다. 끝없이 묻고 또 묻는 아이들이야말로 진정한 인간의 모습, 진정한 삶의 모습, 진정한 배움의 모습을 하고 있다.

그런데 필자는 불행하게도 큰 의문이 없이 자랐다. 그저 평범하게 학교에 다니면서 그럭저럭 공부하며 지냈다. 그런데 십 대 후반이 되자 마음속에 진지한 물음이 하나 생겼다. '사람은 도대체 어떤 존재인가?' 라는 밑도 끝도 없는 물음이 마음속에 들어왔다. 그리고 이 물음은 지금의 인간 말고 최초의 인간, 진정한 사람을 보고 싶다는 희망으로 나를 이끌었다. 그리고 그 희망의 문을 통해 예수님이 들어왔다. 내 나이 스무 살 때였다. 그때 예수님은 홀로 들어오지 않았다. 하나님이 창조한 세계를 몽땅 들고 왔고, 하늘과 땅의 모든 것을 알고자 하는 호기심과 '물음' 의 회오리를 몰고 왔다. 나는 처음으로 모든 것이 궁금했고, 모든 것이 알고 싶었다. 그래서 책을 읽지 않던 내가 손에서 책을 놓지 않고 읽게 되었다. 그리고 그 덕분에 삼십 년이 더 지난 오늘까지도 책과 함께 살고 있다. 만일 스무 살 그때 물음이 없었더라면, 나는 아마 지금의 나와는 상당히 다른 사람이 되어 있을 것이다. 삶 또한 지금의 삶과는 상당히 다른 삶을 살고 있을 것이다. 내가 '행복'이라는 화두에 사로잡히게 된 것도 물음을 통해서였다. '인생에서 가장 중요한 것이 무엇일까?' 하는 숲길에서의 물음.

이어령 교수는 인생에 반드시 필요한 것 둘이 있는데, 물음표?와 느낌표!라고 했다. 물음표가 없이는 느낌표가 있을 수 없고, 물음표와 느낌표가 없는 인생은 재미도, 감동도, 창조성도 경험할 수 없다고 했다. 그렇다. 물음이야말로 배움과 감동과 창조의 길잡이다. 생활을 삶으로 인도하는 지팡이다.

당신의 물음이 당신의 인생을 결정한다.

들으라 🦋

'물음'이 배움의 조건이자 첩경捷徑이라면 배움의 마지막은 뭘까? '들음'이라고 생각한다. '들음'은 배움의 마지막일 뿐만 아니라 배움의 최고봉이라고 생각한다. 우리가 생활하는 데 필요한 지혜나 지식은 선생님의 가르침과 스스로의 탐구를 통해서도 얼마든지 배울 수 있다. 하지만, 보이는 세계와 보이지 않는 세계를 통전적으로 인식하는 삶의 지식과 지혜는 학습만으로는 부족하다. 삶에는 하나님의 지혜와 손길이 함께 하고 있고, 참된 지혜와 진리는 하나님 자신이시며, 하나님은 인간의 이성이나 종교적인 지혜로 포착되지 않기 때문에 인간의 가르침과 탐구만으로는 충분히 배울 수 없다. 삶의 중심, 생명의 중심에 들어가려면 가르침과 탐구의 차원을 넘어 '들음'의 세계로 들어가야 한다. 옳다. 하나님은 탐구의 대상이 아니라 들음의 대상이다. 물론 탐구해서는 안 된다는 이야기가 아니다. 하나님을 알려면 당연히 묻고 찾는 탐구 작업을 해야 한다. 하지만, 그것만으로는 한계가 있다는 이야기다. 그분을 알려면 먼저 그분의 말씀을 들어야 한다는 이야기다. 성경을 보라. "들으라", "듣다"는 말이 무수히 나온다. 예언자마다 "들으라"고 외쳤고, "듣고 행하는 자가 복이 있다"고 했다. 예수님께서도 하나님나라의 비유를 말씀하시면서 "귀 있는 자는 들으라"고 했다. 진실로 그렇다. 진정한 배움은 들음으로만 완성된다. 들음이야말로 배움의 마지막이요 배움의 최고봉이다.

인생은 본질적으로 은총이다. 받음의 세계다. 맘껏 배우고 기뻐하라고 주어진 선물이다. 그러므로 사람은 살면서 공부해야 하고, 공부하며 살아야 한다. 사는 것이 공부가 되는 인생살이를 해야 한다. 그래야, 생활 속에 깊이 숨어 있는 삶의 신비와 오묘와 역설을 읽어낼 수 있고, 살아온 세월만큼 지혜가 자랄 수 있고, 삶이 생활 속에 뿌리내릴 수 있다. 그리고 생활 속에 깊이 숨어 있는 삶의 신비와 오묘와 역설을 읽어낼 수 있을 때 비로소 행복의 지평도 열리는 법이다.

중국 명대의 철학자인 왕심재는 배움의 즐거움을 이렇게 말했다. "사람의 마음은 저절로 즐겁다. 배움이란 이 즐거움을 배우는 것이다. 즐겁지 않다면 배움이 아니고, 배우지 않는다면 즐겁지도 않다. 즐거운 연후에야 배운 것이고, 배운 연후에야 즐거운 것이다. 즐거움이 배움이고 배움이 즐거움이다. 아! 아! 세상의 즐거움 중에 이 배움 만한 것이 있는가?" 진실로 그렇다. 사람은 배움의 존재이고, 삶은 배움의 과정이다. 세상에서 배움만큼 인간다운 행위가 없고, 배움만큼 삶에 충실한 일이 없다. 배움만큼 유익한 일이 없고, 배움만큼 즐거운 일이 없다.

배우는 자는 진실로 행복한 사람이다. 그리고 행복한 자는 죽는 날까지 배우기를 쉬지 않는다.

7 삶의 지평을 넓히라

인생, 삶은 소유의 대상이 아니다. 그냥 펼쳐져 있는 선물이다. 그냥 살고, 느끼고, 즐기고, 감사하고, 배우면 되는 선물이다. 물론 삶을 제대로 느끼고, 즐기고, 배우는 것이 쉽지는 않다. 삶이란 수줍음을 많이 타는 순박한 처녀와도 같고, 인색하기 그지없는 수전노와도 같으니까 말이다. 사실이다. 삶은 수줍음을 많이 타는 처녀와 같아서 아무에게나 삶의 속살을 보여주지 않는다. 삶은 또한 인색하기 그지없는 수전노와 같아서 아무에게나 삶의 지혜와 보물을 퍼주지 않는다. 그래서 우리가 삶의 속살을 들여다보고, 인생의 깊이에 박혀 있는 갖가지 보물들을 채굴하려면 그만한 정성을 기울이고 수고의 땀을 흘려야 한다. 더욱이 이 세상은 다차원의 세계가 복잡하게 얽혀 있는 '복잡계'이다. 마음을 다잡고 읽어도 얽히고설킨 관계의 망을 풀어내기가 어려울 만큼 세상은 한없이 복잡하다.

세상은 복잡계界 ✤

　일차원적인 물질세계만 해도 그렇다. 세상에 존재하는 생물 종의 정확한 숫자는 아무도 모른다. 지금까지 과학이 확인한 종이 약 200만 종 정도라고 하는데, 미국국립과학재단은 최소 500만에서 최대 1억 종 가량이 존재할 것으로 예상하고 있다고 한다. 여름철 밤하늘을 뿌옇게 수놓는 은하수만 해도 그 수를 헤아릴 수가 없는데, 그 은하수만큼의 은하계가 있다고 한다. 우주의 크기도 대략 150억 광년이라고 한다. 우주는 실로 우리가 상상할 수 있는 것보다 더 신비롭고 기이하다.

　꽤 오래전 이집트의 사막을 버스로 횡단한 적이 있다. 그때 달리고 달려도 끝없이 계속되는 모래사막과 군데군데 피어난 잡초 같지 않은 잡초들, 거기서 살아가는 사람과 양떼들, 그리고 이름을 알 수 없는 생명체들을 보면서 나는 말로 표현할 수 없는 어떤 경이감에 사로잡혔던 기억이 있다. 20대 초반, 강릉에서 동해바다를 처음 보았을 때의 감동 또한 잊을 수가 없다. 내륙에서만 살다가 하늘을 담은 바다, 하얀 물거품을 물고 끝없이 밀려오는 바다, 바람과 함께 너울너울 춤을 추는 바다를 보는 순간, 뭐라 형언할 수 없는 벅찬 감동에 환호했던 적이 있다. 또 영상을 통해 동물의 세계나 바다 속의 세계를 바라볼 때에도 탄성을 멈출 수가 없다. 형형색색의 기기묘묘한 생명체들을 바라보고 있노라면 그 기이함과 아름다움에 탄복하지 않을 재간이 없다. 물론 나는 창조 세계의 한 쪽 구석도 제대로 보지 못했다. 하지만, 한 줌의 세계를 보는 것만으로도 벌어진 입을 다물 수가 없다.

나는 오늘 아침 식사로 쌀과 보리쌀을 적당히 섞은 밥과 약간 신 김치에 된장을 풀어 끓인 국, 호박나물, 김치를 먹었다. 이것들이 내 식탁에 올라오기까지는 헤아릴 수 없이 많은 손길의 수고가 있었다. 쌀을 수확하기 위해 수고한 농부의 손길은 말할 것도 없고, 방앗간의 일손들, 쌀을 운반한 트럭 운전사, 트럭을 만든 자동차 회사 노동자들, 자동차 기름을 공급하는 주유소 직원들, 기름을 생산한 먼 나라 노동자들, 기름을 수입한 무역상들, 모를 심어 추수할 때까지 자라게 해 준 땅과 물, 태양빛, 바람, 아내의 정성어린 수고 등 정말 헤아릴 수 없이 많은 노동과 마음과 기운들이 깃들어 있다. 쌀 한 톨만 해도 그 안에 우주가 숨 쉬고 있다. 우주의 모든 기운이 함께 하기에 쌀 한 톨이 있는 것이다. 부처가 말한 대로 이 세상은 연기緣起의 세계다. 우주 전체가 빠짐없이 연결된 인연의 그물망이다.

과학의 발견과 세계관의 변화 🦋

16세기에 발표된 지동설은 인류 역사상 가장 큰 세계관의 변혁을 가져왔다. 지구가 우주의 중심이라고 믿었던 사람들에게 지동설은 실로 엄청난 충격이었다. 지동설은 단순히 하나의 천체 이론이 아니었다. 코페르니쿠스의 지동설은 이전까지의 우주관뿐 아니라 세계관과 신관까지도 뒤흔들어버린 우주적, 역사적 사건이었다. 즉, 지구가 우주의 중심이고, 인간은 그 위에 사는 존엄한 존재이며, 달 위의 천상계는 영원한 신의 영역이라고 생각했던 것들이 한순간에 와르르 무너져 내린 세계관의 일대 격변이었다.

미시의 세계도 그렇다. 원자는 핵으로 이루어져 있는데, 핵 속에는 양성자와 중성자라는 더 작은 알갱이가 들어 있다. 그리고 핵 주위에는 수많은 전자가 빙글빙글 돌면서 원자의 외피를 형성하고 있다. 물리학자 프리초프 카프라는 원자의 세계를 로마의 산피에트로 대성당에 비유했다. 길이가 211.5미터에 높이는 45미터에 달하는 어마어마한 산피에트로 대성당이 하나의 원자라면, 원자 속의 핵은 소금 한 알갱이 정도라고 말이다. 다시 말하면, 원자의 핵과 그 주위를 회전하는 전자들 사이에는 엄청나게 큰 공간이 있다는 것이다. 모든 사물을 구성하는 조그맣고 단단한 원자가 사실은 알갱이가 아니라 속이 텅 빈 공간이라는 것이다. 더욱이 핵 주위를 도는 전자는 1초에 약 10억 킬로미터라는 어마어마한 속도로 움직인다고 하고, 핵 내부에 존재하는 전자의 속도는 그보다 더 빠르며, 핵 속에 있는 양성자와 중성자도 1초에 6만 4천 킬로미터의 속도로 움직이고 있다고 한다. 정말 상상이 안 된다. 사실 이런 것은 아무리 들어도 실제로는 이해가 안 된다. 알수록 더 신비하고, 알수록 더 이해가 안 된다.

그러나 원자의 눈으로 세계를 보는 것과 양자의 눈으로 세계를 보는 것 사이에는 엄청난 세계관의 차이가 있다는 것만큼은 분명하다. 그 차이를 대충 정리해보면 이렇다. 원자라는 알갱이를 통해 세계를 보면 안정된 사물의 세계, 질서의 세계가 보이는 데 비해 양전자를 통해 세계를 보면 모든 것이 흐름이고, 모든 것이 다른 모든 것의 영향을 받는 소용돌이의 세계가 보인다는 것이다. 양자의 발견은 원자의 세계와는 전혀 다른 세계관과 삶의 지평, 즉 지동설에 버금가는 철학적 사고의 대변혁을 가져왔다는 이야기다. 그래서일까? 영국의 물리학자 아더 에딩턴은 "과학의 임무는 사물들이 겉보기와 아주 다르다는 것을 발견하는 데 있다"고 말했고, 닐스 보어는 "나는 물리학이야말로 진짜 철학이라고 생각한다"고 말했다.

삶의 신비 ✿

잠시 살펴본 것처럼 일차적인 물질의 세계, 물리의 세계만 해도 이처럼 광대하고 복잡하다. 하물며 삶은 어떨까? 우리의 몸만 해도 우주라고 하는데, 우리의 삶은 얼마나 복잡하고 미세하며 광대할까? 대충만 꼽아보자. 우리의 삶에는 몸의 생물학적인 상태와 뇌의 인지과정, 그리고 마음, 또 세계를 바라보는 눈, 두 발을 딛고 있는 자연환경, 속한 나라의 문화와 정치적 상황, 또 영혼과 하나님의 뜻, 설명할 수 없는 우연 등이 복잡하게 얽히고설켜 있다. 이런 삶에 대하여 앨런 와츠는 말했다. "인간은 흙 속에 뿌리내리지 않고 두 다리로 자유롭게 걸어 다닌다. 하지만, 인간은 결코 자급자족하면서 스스로 움직이고, 스스로 방향을 결정하는 존재가 아니다. 인간은 나무와 벌레, 파리와 마찬가지로 동일한 요소들, 자연이나 생명, 신 따위의 보편적인 힘에 의존하고 있다. … 인간은 우주의 곳곳에서 비롯되는 힘들의 상호작용이 일어나는 만남의 광장이다" 『당신은 지금 행복하십니까』 진실로 그렇다. 삶은 실로 수천, 수만, 수억 가지 요인들이 얽히고설켜 있는 '복잡계' 그 자체다.

삶의 모든 일에는 또 다른 이면裏面이라는 게 있다. 라마교의 14대 달라이 라마인 텐진 갸초는 고국 티벳을 중국에 빼앗기고 망명객이 되어 세계를 유랑했다. 그런데 그는 망명객으로 산 경험이 매우 유익했다고 말한다. 망명객으로 살았기 때문에 모든 걸 절박하게 볼 수 있었고, 티벳에 있었다면 만나지 못했을 다른 종교와 다양한 계층의 사람들을 만날 기회를 얻게 되었다고 말이다. 『달라이 라마의 행복론』

새옹지마塞翁之馬에 얽힌 일화도 유명하다. 옛날 중국 북방의 요

새 근처에 새옹이라는 노인이 살았는데, 하루는 노인이 기르던 말이 국경을 넘어 오랑캐 땅으로 달아나버렸다. 마을 사람들은 노인이 참 안 됐다 싶어 위로의 말을 건넸다. 그러자 노인은 조금도 애석한 기색 없이 "누가 아오? 이 일이 복이 될는지"라고 대답했다. 그리고 몇 달이 지난 어느 날 달아났던 말이 오랑캐의 준마까지 데리고 돌아오는 이변이 일어났다. 이를 본 마을 사람들은 매우 기뻐하며 축하의 인사를 건넸다. 그러자 이번에도 노인은 조금도 기쁜 기색 없이 "누가 아오? 이 일이 화가 될는지"라고 대답했다. 그러던 어느 날 말 타기를 좋아하는 노인의 아들이 그 준마를 타다가 떨어져 다리가 부러졌다. 마을 사람들이 애석히 여기며 위로했다. 노인은 이번에도 크게 슬퍼하는 기색 없이 "누가 아오? 이 일이 복이 될는지"라고 대답했다. 그로부터 1년이 지난 어느 날 북쪽 오랑캐가 침략해오자 마을의 건장한 젊은이들은 이에 맞서 싸우다가 모두 전사했다. 그런데 노인의 아들만은 절름발이였기 때문에 무사했다. 다리가 부러진 것이 오히려 행운이 된 것이다.

삶이란 이처럼 수많은 요인의 영향력에 노출되어 있다. 삶은 어디로 어떻게 흘러갈지 알 수 없는 미완의 과정일 뿐이지 완전한 결정체가 아니다.

한 가지만 더 생각해 보자. 삶을 한 사람의 일생의 차원에서 생각하는 것과 장구한 역사의 차원에서 생각하는 것 사이에는 어떤 차이가 있을까? 개인의 차원에서 생각하는 것과 우주적 차원에서 생각하는 것 사이에는 어떤 차이가 있을까? 아마도 삶을 바라보는 눈에 커다란 차이가 있을 것이다. 삶을 개인의 일생이라는 차원에서만 생각하면 자기 꿈을 성취하는 것이 매우 중요하고 급한 일이 될 테지만, 삶을 태초부터 종말까지 장구한 역사의 차원에서 생각하면 그렇게 급하거나 대단한 일이 아닌 것으로 달라질 것이다. 자신의 성취는 수많은 성취 중의 작은 일부분에 지나지 않게 될 것이고, 그렇게 되면 자기의 성공과 실패에 크게 휘둘리지 않을 수 있게 될 것이다. 꿈을 성취하기 위해 온 정성을 쏟으면서도 결과에 초조해하거나 두려워하지 않을 수 있게 될 것이다. 한 걸음 더 나아가 어떤 운명의 힘 앞에서도 흔들리지 않을 수 있는 여유와 담력을 얻게 될 것이다.

물론 우리가 양자역학의 세계를 알지 못하고, 생명과 삶의 신비를 알지 못하고, 영적 세계를 알지 못하고, 눈 깜짝할 사이에 만 가지가 변하는 순식만변瞬息萬變의 세계를 알지 못해도 살아가는 데는 별 지장이 없다. 그런 걸 몰라도 얼마든지 승진할 수 있고, 장사할 수 있고, 취직할 수 있고, 결혼할 수 있고, 연애할 수 있다. 하지만, 조금만 깊이 따져보면 그렇지 않다는 걸 알 수 있다. 삶은 말할 것도 없고, 하루의 생활에도 커다란 차이가 발생한다는 걸 알 수 있다. 앞에서 말한 새옹지마 이야기만 해도 그렇다. 똑같은 일이 발생했음에도 노인과 동네 사람들의 반응은 전혀 달랐다. 동네 사람들은 일희일비一喜一悲했는데 노인은 일희일비하지 않았다. 왜 그랬을까? 삶을 바라보는 지평과 눈이 달랐기 때문이다. 양자역학의 세계, 생명과 삶의 신비, 영적인 세계, 순식만변의 세계를 아는 것과 모르는 것도 마찬가지다. 그것은 단지 지식의 문제가 아니다. 그 모든 것은 결국 삶을 바라보는 관점과 삶을 이해하는 지평에 영향을 미치게 되어 있다. 사람마다 삶의 깊이와 넓이와 색깔과 향기가 다른 것도 그 때문이다. 생활은 고급스럽지만 삶은 저급한 사람이 있고, 생활은 보잘 것 없으나 삶은 한없이 깊고 그윽한 사람이 있다. 사람과 삶은 떨어질 수 없는 함수관계에 있다.

사람은 삶의 지평만큼 살 수 있다. 삶을 이해하는 그 사람의 지평이 곧 그 사람의 삶이다. 내가 나이를 먹어가면서 나이 먹는 걸 긍정적으로 생각하는 것도 나이를 먹을수록 삶을 바라보는 지평이 점점 넓어지기 때문이다. 스웨덴 출신의 영화감독 잉그마르 베리만은 나이 듦의 미덕을 이렇게 예찬했다. "나이가 든다는 것은 등산하는 것과 같다. 오르면 오를수록 숨이 차지만 시야는 점점 넓어진다." 진실로 그렇다. 삶의 지평이 넓어질수록 삶은 풍성해진다.

삶을 살아가는 우리의 현실

　그러므로 우리는 삶의 지평을 넓히기 위해 진력해야 한다. 그런데 과연 그럴까? 시야가 점점 넓어지는 인생을 살고 있을까? 안타깝지만 대부분 그러지 못하다고 생각된다. 소시민의 삶을 사는 우리의 관심사는 대부분 가족과 일, 그리고 돈 문제가 고작이니까 말이다. 결코 짧지 않은 일생을 가족, 일, 돈 문제 주변을 맴돌다 가는 게 현실이니까 말이다.

　식견이 넓다는 학자들도 크게 다르지 않다고 생각된다. 학문 분야가 점점 세분화되어갈 뿐 아니라, 새로운 과학 논문 발표도 경쟁 팀과의 시간 싸움이 생명이기 때문에 폭넓게 연구할 여유가 없다. 세계적인 개미 연구자이며 사회생물학자인 에드워드 윌슨이 지식의 통일성을 주창하며 학문 영역 간의 융합과 통섭을 주장했지만, 지식의 양이 폭발하면서 한 사람이 다양한 공부를 하는 것 자체가 매우 어려워지고 있다. 집을 짓는 것도 예전에는 몇 사람이 집 전체를 지었지만, 지금은 설계하는 사람, 나무 자르는 사람, 기둥을 세우고 지붕을 얹는 사람, 보일러 놓는 사람, 타일 붙이는 사람, 도배하는 사람, 실내장식 하는 사람 등 수십 명의 사람이 나누어 짓는다. 대학 교육도 취업에 필요한 정보와 기술 습득에만 열을 올리지 삶을 폭넓게 볼 수 있는 안목을 열어가는 일에는 도무지 관심이 없다. 인터넷도 일과 관련된 정보나 심심풀이 게임, 가벼운 기사와 스타들의 뒷이야기를 들여다볼 뿐 삶의 지평을 넓히는 것과는 거리가 멀다.

　오늘날 사람들은 대부분 '삶 읽기'를 회피하며 산다. 아니, 삶을 읽을 여유도 없고 관심도 없다. 단지 몇 가지 생활의 비법이나 공식을 찾아 기웃거릴 뿐이다. 여윳돈을 투자하는 비법, 인간관계 비법, 아이 공부 잘하게 하는 비법, 연애 잘하는 비법 등 생활의 비법에는 관심이 있지만, 삶의 지평을 넓히는 일에는 도통 관심이 없다. 그래서 생활의 지평은 넓어지고 있는데 삶의 지평은 오히려 좁아지고 있다. 과거에는 이러지 않았다. 생활의 지평은 좁았으나 삶의 지평은 넓었다. 그런데 생활의 지평이 넓어진 현대에 와서는 오히려 삶의 지평이 좁아지고 있다.

　여기서 한 가지만 묻고 넘어가자. 삶의 지평이 좁으면 어떤 일들이 벌어질까? 우리 삶에 어떤 해악이 닥칠까? 삶의 지평이 좁으면 사람은 어쩔 수 없이 누에고치처럼 자기 세계 안에 갇히게 된다. 자기 뜻대로 삶이 굴러가지 않는 것을 이해할 수 있는 눈이 부족하게 된다. 때문에 쉽게 흥분하고, 쉽게 좌절하게 된다. 새옹지마 이야기에 나오는 동네 사람들처럼 일희일비하게 된다. 우연히 벌어지는 크고 작은 일들에 휘둘리게 된다. 또 자기 확신이 강하여 쉽게 극단으로 치닫게 된다. 또 있다. 서로 가르치고 배우는 과정 속에서 누리는 소통의 기쁨, 변화와 성숙의 환희를 맛보지 못한다. 특히 자신을 반추해볼 거울이 없어서 자신의 부족과 허물을 볼 줄 모른다. 영국의 철학자 러셀의 말이 생각난다. "우리는 결코 인생의 폭을 협소하게 제한해서는 안 된다. 인생의 폭이 협소할수록, 우연한 사건이 우리 인생을 마음대로 주무를 수 있게 된다."『행복의 정복』 그렇다. 삶의 지평이 좁은 것처럼 삶에 해로운 일은 없다.

때문에 우리가 살면서 이 해를 당하지 않으려면 배워야 한다. 이 세상과 삶은 한없이 복잡하며 다층적이니까, 눈에 보이는 것과 눈에 보이지 않는 다차원의 세계가 신묘하게 통합되어 있고, 물리적인 물질의 차원에서부터 물리적인 생명의 차원, 감정과 정신의 차원, 영적인 차원 등이 나누일 수 없을 만큼 깊이 연루되어 있으니까. 마음을 다잡고 읽어도 얽히고설킨 관계의 망을 풀어내기가 어려울 만큼 한없이 복잡하니까. 이처럼 광대하고 복잡하고 다차원이 얽혀있는 삶을 정밀하면서도 폭넓게 보지 못하면 눈앞의 일들마다 일희일비하며 요동하지 않을 수 없을 것이고, 도무지 통제되지 않는 삶에 분노하지 않을 재간이 없을 테니까. 도대체 길들여지지 않은 삶에 농락당하지 않을 도리가 없을 테니까. 그렇다. 배워야 복잡한 세상과 삶을 이해할 수 있고 삶의 지평이 넓어질 수 있다.

배움의 궁극적인 목적 또한 삶의 지평을 넓히는 것이어야 한다. 모든 배움은 삶을 이해하는 것과 연결되어야 하고, 삶의 지평을 넓히는 작업이 되어야 한다. 삶의 지평을 넓히는 데 기여하지 않는 배움은 죽은 공부다. 단지 지식과 정보를 얻는 공부, 대학입시나 승진을 하는데 도움이 되는 것으로 끝인 공부는 사실상 죽은 공부다. 그런 공부로는 삶의 지평이 넓어지지 않는다. 그런 공부는 먹고 사는 일에는 도움이 되지만 삶을 풍성하게 하지는 못한다.

갈매기의 꿈

친구처럼 가까이하고 싶은 책이 있다. 리처드 바크의 『갈매기의 꿈』이다. 갈매기 조나단은 다른 갈매기와 달리 좀 더 높이, 좀 더 멀리, 좀 더 자유롭게 비행하기를 꿈꾸며 쉬지 않고 비행 연습을 한다. 그렇게까지 하지 않아도 얼마든지 먹을 것을 얻을 수 있는데 말이다. 모든 갈매기가 조나단의 별난 행동을 이해하지 못하고 야유와 조롱을 보낼 때에도 조나단은 "우리는 수천 년 동안 물고기 대가리를 찾아 휘젓고 다녔습니다. 그러나 우리는 이제 살기 위한 이유를 갖게 되었습니다. 배우고, 발견하고, 자유롭게 되는 것 말입니다."라고 항변하며 진리의 세계를 향해 끝없이 정진한다.

리처드 바크는 갈매기 조나단을 통해 우리에게 말을 건다. 자유로운 비행을 위해, 존재의 비밀을 배우려고 끝없이 정진했던 조나

단처럼 삶의 지평을 넓히고, 삶의 품격을 높이는데 삶의 의지를 불태우라고.

상품에 명품이 있듯이 삶에도 품격이 있다. 그런데 고품격 삶을 빚으려면 무엇보다도 삶을 이해하는 지평이 넓어야 한다. 삶의 지평이 넓고 깊어야 삶이 극단으로 치닫지 않을 수 있고, 다차원의 세계가 조화와 균형을 이룰 수 있고, 우연의 장난에 휘둘리지 않을 수 있다. 삶의 중심을 지키며 호연지기를 잃지 않을 수 있다. 내가 보고 아는 것이 전부가 아니라는 것을 알 수 있다. 인간의 지각이란 지극히 부분적일 뿐 아니라 오류투성이라는 것을 자각할 수 있다. 그리고 그런 것들을 발견하고 자각해야만 자기 지각에 속지 않을 수 있고, 자기를 상대화할 수 있고, 우연한 일들에 휘둘리지 않을 수 있다. 재물이나 명예보다 더 값진 삶을 꽃피울 수 있다. 생활 속에서 행복을 길어 올릴 수 있다.

반대로 삶의 지평이 넓지 못하면 이렇게 아름답고 풍성한 삶을 살 수 없다. 성공할 수는 있겠지만, 삶이 주는 선물들로 풍요로울 수는 없다. 왜냐고? 삶은 수줍음이 많아서 아무에게나 삶의 참모습을 보여주지 않으니까. 삶은 매우 인색해서 삶의 온갖 선물들을 아무에게나 퍼주지 않으니까.

8 사고는 넓게 생활은 작게

삶은 다차원의 세계가 복잡하게 얽혀 있는 '복잡계' 다. 수천, 수만, 수억 가지 요인들이 우리의 존재와 삶에 영향을 미치고 있다. 마음을 다잡고 읽어보려 해도 이것이 저것 같고, 저것이 이것 같아서 읽는 것조차 힘들만큼 참으로 현묘한 것이 삶이다. 그래서 많은 이들이 '삶 읽기' 에 도전하기보다는 생활의 비법을 찾는데 안주한다. 여윳돈이 있는 자들은 부동산 투자나 주식 투자의 비법을 알고 싶어하고, 성공하고 싶은 자들은 인간관계의 비법을 알고 싶어하고, 아이를 키우는 엄마들은 아이 잘 키우는 비법을 알고 싶어한다. 하지만, 삶에 비법 같은 건 없다. 삶이란 끝없이 학습해야 하는 배움의 과정이지 몇 가지 비법이나 공식 가지고 살아낼 수 있는 것이 아니다. 행복도 마찬가지이다.

양자택이兩者擇二의 삶

이어령 교수가 2008년에 젊은이들에게 헌정한 책 『젊음의 탄생』에서 재미있는 이야기를 했다. □ilk의 네모 안에 글자를 넣어

낱말을 만드는 문제를 제시하면서 M자를 넣으면 Milk가 되고 S자를 넣으면 Silk가 되는 것처럼, 삶이란 것도 결국은 이런 빈칸 채우기와 같다고 했

오리 토끼 그림

다. 다시 말하면 운명처럼 주어진 문자가 있는가 하면, 그 옆에 내 마음대로 써넣을 수 있는 자유로운 여백이 있다는 것이다. 또 재미있는 '오리-토끼' 그림을 통해, 삶은 '오리냐 토끼냐' 는 양자택일 either-or이 아니라, '오리이기도 하고 토끼이기도 하다' 는 양자택 이both-and의 세계라고도 했다. 옳다. 삶이란 흑백논리나 양자택일이 아니다. 흑백논리가 비록 명쾌하고 선명하긴 하나 삶은 그렇게 명쾌하거나 선명하지 않다. 삶은 사지선다형 문제지보다 훨씬 복잡하고 다층적이며 미묘하다.

사람만 해도 그렇다. 한 사람은 실로 하나의 세계다. 사람마다 기호가 다르고, 관심사가 다르고 문제가 다르다. 같은 문제라도 사람마다 접근하는 방식이 다르고, 해결책이 다르다. 그러기 때문에 나는 수박이 좋은데, 너는 왜 수박을 싫어하느냐고 통박痛駁해서는 안 된다. 그것은 매우 어리석은 일이다. 나는 날씬한 사람이 좋은데, 너는 왜 통통한 사람을 좋아하느냐고 다투는 것도 참 허망한 일이다. 진실로 그렇다. 우리가 평화롭고 행복한 삶을 살려면 한

사람이 하나의 세계라는 사실을 잊지 말아야 한다. 삶의 다양성에 눈을 떠야 한다. 기호의 다양성, 관심사의 다양성, 문제의 다양성, 해결책의 다양성을 인정하고 자기 목소리를 낮춰야 한다. 그래야, 모든 사람과 함께 공존 공영하는 사회를 이룰 수 있다.

삶과 생활의 역설

그런 면에서 삶의 지평을 넓히는 것은 진실로 평화의 씨앗을 심는 일이라 할 수 있다. 삶의 지평이 넓어지고 깊어질수록 다양성을 포용하는 역량이 커지고, 다양성을 포용하는 역량이 커질수록 사회의 평화 가능성도 그만큼 커지기 때문에 삶의 지평은 넓고 깊을수록 좋다. 진실로 그렇다. 삶의 지평은 아무리 넓어도 문제 될 것이 없다. 하지만, 생활은 그렇지 않다. 생활의 지평이 지나치게 넓어지는 것은 절대 유익하지 않다. 생활의 폭은 단순하고 소박할수록 좋다. 왜냐하면, '생활'과 '삶'은 같지 않기 때문이다.

'생활'은 말뜻 그대로 '살아서 활동하는 것'을 의미한다. 먹고 살려고 일하는 것에서부터 일상적인 몸의 활동을 총칭한다. 반면에 '삶'은 단지 생활하는 것이 아니라 생활하는 것 속에 담겨 있는 모든 것을 통칭한다. 쉽게 말해보자. 월급날만을 기다리면서 일하는 것, 일을 해야 하기 때문에 일하는 것, 주어진 업무만을 처리하는 것은 단지 생활이다. 그 일이 회사일이든, 나랏일이든, 가르치는 일이든, 수술하는 일이든 마찬가지다. 심지어 예배도 생활이 될 수 있다. 영성의 중심이 들어가지 못하는 예배, 말씀의 세계에 들어가지 못하는 예배, 관습화된 예배는 일종의 생활일 뿐이다. 반대로 같은 일을 하더라도 일 속에 깃든 의미와 내적 질서를 발견하고, 일 속에 내가 참여하고, 함께 일하는 자들과 소통하고, 생활 속에 숨 쉬는 보이지 않는 신비를 보고, 일을 통해 영혼이 성장하고, 사람을 이용하는 법이 아니라 사람을 이해하는 법을 배우고, 세상을 독해하는 지평을 넓힌다면 그 생활은 단지 생활이 아니라 삶이 된다. 즉, 생활이 내 안에 들어오고 내가 생활 속으로 들어가면 그것이 곧 삶이다.

물론 생활과 삶을 완전히 다른 것이라고 할 수는 없다. 생활이 없이는 삶이 있을 수 없고, 생활과 삶은 서로 상호작용을 하는 것이 사실이다. 하지만, 생활과 삶이 이율배반적이라는 것 또한 부인할 수 없다. 삶의 현실을 보라. 생활이 생활로만 가득 차면 삶이 깃들 여지가 없어진다. 생활이 복잡하고 바빠질수록 내면의 질서가 무너지고, 심미적 정신이 희미해지며, 결국 삶은 해체된다. 반대로 생활이 소박하고 단순해지면 신기하게도 마음의 거울이 깨끗해지고 영혼이 살아나며, 결국 삶이 풍성해진다.

나는 산책을 좋아한다. 평탄한 들길을 걷기도 하고, 야트막한 산길을 걷기도 한다. 내가 사는 집은 해발 348미터 높이의 산자락에 자리를 잡고 있다. 30분 정도만 걸으면 정상에 오를 수 있다. 그래서 가끔은 산에도 오른다. 2009년 겨울은 유난히 추웠다. 간이식 수술을 한 이후라서 조심해야 하기도 했지만, 영하 20도까지 내려가는 날이 많아서 산에 오를 수가 없었다. 2010년 3월이 되어서야 일주일에 한두 번씩 오를 수 있었다. 그러던 5월 하순의 어느 날이었다. 그날도 산길을 오르고 있었는데, 오르다 보니 어느덧 하늘이 보이지 않는 것이었다. 4월 초순까지만 해도 하늘이 훤했었는데, 고개를 쳐들면 하늘이 보였었는데, 어느덧 나뭇잎들이 차오르면서 온통 하늘을 뒤덮은 것이었다. 잎들 사이의 작은 틈으로 하늘이 보이기는 했지만, 겨우 사람 하나 지나갈 수 있는 작고 침침한 동굴 같은 산길로 변해있었다. 순간 지난 3월의 산길이 생각났다. 비록 앙상하고 추웠지만, 하늘이 훤해서 좋았던 3월의 산길. 그러면서 생각 하나가 나를 사로잡았다. ‘아하, 잎이 없어야 하늘을 볼 수 있는 거구나. 그래, 잎이 무성하면 하늘을 볼 수 없어.’ 놀라운 깨달음이었다. 그날 나는 ‘생활의 잎이 무성할수록 하늘을 볼 수 없다’는 진실을 생각하면서 계속 되뇌었다. 생활의 잎을 더 떨어내야 한다고. 생활이 더 단순해져야 한다고. 그래야, 하늘을 볼 수 있다고. 그래야, 생활에 삶이 밟히지 않을 수 있다고.

예수의 생활에 나타나는 놀라운 특징

　꽤 오래 전 나는 예수님의 삶을 묵상하던 중 놀라운 특징 하나를 발견했다. 예수님의 시선은 우주를 아우르는 데까지 나아갔던 데 비해 예수님의 생활과 행동은 지극히 작더라는 것. 사실이다. 그분은 하늘과 땅에 있는 것들을 다 품으셨다. 자기 세대만 아니라 오고 오는 세대까지 껴안으셨다. 그분의 시선은 언제나 우주적이었고 역사적이었다. 시간상으로는 태초부터 세말까지 역사 전체가 그분 안에 있었다. 그분에게는 내가 없었다. 가족이 없었다. 민족이 없었다. 국가가 없었다. 종교의 경계가 없었다. 하늘과 땅의 경계조차 없었다. 하늘과 땅에 있는 모든 것이 예수 안에서는 하나였다. 예수님은 진실로 가없는 세계를 한 몸으로 끌어안고 사신 분이다. 예수님의 눈에 들어오지 않은 세계는 없었다. 하지만, 그분의 생활은 나사렛과 가버나움을 중심으로 한 갈릴리가 고작이었다. 자기 존재와 사역을 효과적으로 알리기 위해 나팔을 분 적도 없었고, 예루살렘 행차라도 하면 좋으련만 일부러 오르지 않았다. 그분의 행동반경을 보면 일상의 테두리를 크게 벗어나지 않았다. 생활양식 또한 지극히 단순하고 소박했다.

　아마 예수님께서 이 시대에 사신다 할지라도 전용 비행기를 타고 세계를 누비고 다니지는 않으실 것이다. 전용 비행기를 타고 세계를 누비고 다니며 하나님나라 사역에 바쁜 예수님을 나는 상상할 수 없다. 마음과 시선이야 지구촌뿐 아니라 우주촌을 배회하시 겠지만, 생활은 여전히 지구촌 한구석에서 이름도 없는 사람들과 함께 이천 년 전 갈릴리에서 하셨던 일을 조용히 하고 계실 것이라 고 생각한다. 나는 그런 예수님의 삶의 특징을 발견하고 마음에 큰 울림이 있었다. 그래서 마음에 깊이 새겼다. 나도 예수님처럼 살아 야겠다고. "시선은 넓게, 생활은 작게, 예수님처럼!"

그랬다. 예수님은 세상을 위해 세상을 뛰어다니지 않았다. 세상 을 위해 세상을 흔들지 않았다. 오직 자기 한 몸을 십자가에 내주 었을 뿐이다. 테레사 수녀도 그랬다. 세상의 가난한 자들을 품고 살았지만 언제나 정성껏 한 사람을 돌보았을 뿐이다. 오직 한 사람 을 돌보는 것이 온 세상을 품는 가장 확실한 길이었다.

단순한 삶

미국의 자연주의자 헨리 데이빗 소로우는 화려한 도시의 생활 을 뒤로하고 자연과 함께 자급자족하는 소박한 생활을 선택했다. 생존을 위한 시간은 최소화하고, 삶을 위한 시간을 최대화하는 선 택을 했다. 물론 그가 숲 속에서 평생을 산 것은 아니다. 하지만, 그가 숲으로 들어간 이유는 분명했다. "내가 숲으로 들어간 것은 인생을 의도적으로 살아보기 위해서였다. 다시 말해서 인생의 본 질적인 사실들만을 직면해 보려는 것이며, 그리하여 마침내 죽음을 맞이했을 때 내가 헛된 삶을 살았구나 하고 깨닫는 일이 없도록 하기 위해서였다. 나는 삶이 아닌 것은 살지 않으려고 했으니, 삶은 그처럼 소중한 것이다. … 나는 인생을 깊게 살기를, 인생의 모든 골수를 빼먹기를 원했으며, 강인하고 스파르타 인처럼 살아, 삶이 아닌 것은 모두 때려 엎기를 원했다."『월든』 그는 정말 삶에만 집중하기를 원했다. 그래서 생활을 최대한 간소화했다. 그리고 사람들에게 호소했다. "간소하게, 간소하게, 간소하게 살라! 제발 바라건대, 여러분의 일을 두 가지나 세 가지로 줄일 것이며, 백 가지나 천 가지가 되도록 하지 마라. … 간소화하고 간소화하라. 하루에 세 끼를 먹는 대신 필요하다면 한 끼만 먹으라. 백 가지 요리를 다섯 가지로 줄여라. 그리고 다른 일들도 그런 비율로 줄이도록 하라."

그리스도의 사도인 바울은 고린도교회에 보낸 편지에서 이렇게 권면했다. "친구 여러분, 나는 시간이 아주 중요하다는 점을 말씀드리고 싶습니다. 낭비할 시간이 없으니, 여러분의 삶을 쓸데없이 복잡하게 만들지 마십시오. 결혼생활이든, 슬픈 일이나 기쁜 일을 만나든, 무슨 일을 하든지 단순하게 사십시오. 쇼핑 같은 평범한 일을 할 때에도 그렇게 하십시오. 세상이 여러분에게 억지로 떠맡기는 일은 가급적 삼가십시오."고전7:29~31, 유진 피터슨의 『메시지』 톨스토이는 "정말로 중요한 일을 하는 사람들의 생활은 언제나 단순하다. 왜냐하면, 그들에게는 쓸데없는 일을 생각할 겨를이 없기 때문이다"라고 말했다.

미국의 레이건 정부 시절, 세계적으로 유명한 군사용 컴퓨터 프로그래머로서 첨단 무기 개발자로 승승장구하던 짐 머켈은 1989년 3월, 역사적으로 악명 높은 엑손 발데즈호 기름 유출 사고 현장을 목도한 뒤 회사를 그만두고 환경 운동에 뛰어들었다. 그는 『단순하게 살기』라는 책에서 모든 생명이 지속적으로 공존하는 지구촌을 위해 삶의 방식을 근본적으로 전환해야 한다고 역설한다. "Radical Simplicity"-급진적이고 근본적인 단순함으로 전환해야 한다고. 당신의 생태 발자국을 줄이라고. 소비를 최소화하라고. 오직 이것만이 다른 생명에 대해 책임 있는 삶의 방식이라고. 온 생명이 사는 길이라고.

화가이자 작가인 존 레인은 소박함에 대해 이렇게 말했다. "자발적인 소박함이란 편안하지만 호사스럽지 않은 삶, 소박하지만 쪼들리지 않는 생활, 단아하지만 따분하지 않은 삶을 유지하기 위한 길이다. 그것은 삶과 일, 일상과 예술 사이의 전문가적인 분할을 버리는 것이다."『언제나 소박하게』

옳다. 단순하고 소박한 삶은 단지 경제적으로 가난한 삶과는 다르다. 단순하고 소박한 삶은 일과 삶의 경계, 일상과 예술의 경계를 넘어선 삶이다. 생활보다는 삶에 무게 중심을 두는 것이다.

나는 사람들의 마음 깊은 곳에 단순하고 소박한 생활에 대한 그리움이 숨어 있다고 생각한다. 다들 화려하고 멋진 인생을 꿈꾸는 것 같지만 동시에 단순하고 소박하게 살고 싶다는 아련한 그리움들이 꿈틀거리고 있다고 생각한다. 당신은 어떤가? 때때로 그렇게 살아야 한다는, 그렇게 살고 싶다는 충동을 느끼지 않는가? 얽히고설킨 모든 것을 훌훌 털어버리고 깃털처럼 가볍게 살고 싶다는 강한 열망을 느끼지 않는가? 법정 스님처럼 무소유의 삶을 살 수는 없어도 간소하고 소박한 삶에 대한 그리움이 있지 않은가? 아마도 그럴 것이다. 단순하고 소박한 생활처럼 아름답고 풍성한 삶이 없다는 것쯤은 대부분 알고 있을 테니까 말이다.

그런데 우리는 알면서도 정작 그런 생활을 선택하지는 못하고 있다. 우리는 지금 바쁨과 화려한 부요가 자랑이 되어버린 참으로 이상한 세상에서 살고 있기 때문에 간소하고 소박한 삶에 대한 그리움 같은 건 접은 채로 살아가고 있다. 아이들이 드넓은 땅에서 해가 지도록 땅뺏기 놀이를 하듯이 말이다.

무엇 때문일까? 한마디로 말하자. 욕심 때문이다. 욕심을 내려놓지 못하기 때문에, 경쟁심으로부터 자유하지 못하기 때문에, 비교 우위에 서야만 직성이 풀리는 알량한 자존심 때문에 단순하고 소박한 생활을 하지 못한 채 종종걸음을 하는 것이다. 땀을 흘리지 말자는 이야기가 아니다. 가난하게 살자는 이야기가 아니다. '생활'의 겉치레를 걷어내고 '삶'에 집중하자는 이야기다. '성공 모드'에서 '행복 모드'로, '빨리빨리'에서 '조금 천천히'로, '성급하게'에서 '신중하게'로, '돌진 앞으로'에서 '음미의 여백'으로, '살아내기'에서 '삶 읽기'로, '거대함의 미학'에서 '작음의 미학'으로, '화려함'에서 '소박함'으로 거대한 전환을 꾀하자는 이야기다. 그래야, 마음으로 원하는 바 행복한 삶을 일궈낼 수 있을 테니까 말이다. 진실로 그렇다. 삶의 지평과 사고의 지평은 넓고 깊을수록 좋지만, 생활은 작고 소박할수록 좋다. 그것이 지혜이고, 모든 생명이 행복하게 사는 길이다.

9 자유의 역량을 키우라

사람은 아이든 어른이든 스스로 생각하고, 결정하고, 선택하고, 통제할 수 있을 때 자기 존재감을 느끼고 편안해하며 즐거워하는 법이다. 하는 일이 비록 힘들고 고단할지라도 스스로 결정하고 선택한 일을 할 때에는 다들 활기가 넘치고, 즐겁고, 창조적이고, 행복해하는 것도 그 때문이다. 반면에 스스로 선택하지 않은 일을 할 때에는 아무리 쉬운 일이라도 힘들고, 즐겁지 않고, 성취감을 느끼지 못하고, 삶의 활기를 잃고, 우울해한다. 바로 이것이 사람만의 고유한 특성이다.

사람과 자유

하버드 대학 심리학 교수인 대니얼 길버트는 재미있는 실험을 했다. 요양원에 거주하는 노인들에게 화초를 주었다. 50%의 노인들에게는 화초를 돌보고 영양을 공급하는 일을 스스로 하도록 했고, 나머지 50%의 노인들에게는 직원 한 명을 투입해 직원이 화초

돌보는 일을 결정하도록 했다. 그리고는 6개월 후 두 집단을 비교해 보았다. 그랬더니 통제권을 가진 집단은 15%가 사망했지만, 통제권을 갖지 않은 집단은 30%가 사망했다.

또 학생 자원봉사자들로 하여금 그 노인들을 정기적으로 방문하게 했다. 한 집단에는 학생들의 방문 시간과 요양원에 머무는 시간을 노인들이 스스로 결정하게 했고, 한 집단에는 그런 결정권을 주지 않았다. 2개월 후에 두 집단을 비교해보았더니 역시 시간 결정권을 가진 집단이 갖지 않은 집단보다 더 행복하고, 더 건강하고, 더 활동적이었다. 약도 더 적은 양을 복용한 것으로 나타났다. 『행복에 걸려 비틀거리다』

독일의 저널리스트인 슈테판 클라인은 1만 명이 넘는 영국 공무원들을 대상으로 건강과 서열 사이의 관계를 조사했다. 조사 결과 낮은 지위에 있는 공무원들이 총책임자들보다 3배 이상 자주 병에 걸리고, 그들이 죽음을 맞이할 확률 역시 3배 이상 높은 것으로 나타났다. 수입에 그리 큰 차이가 없음에도 낮은 지위에 있는 자들이 건강하지 못한 이유를 슈테판 클라인은 서열 체계가 가져오는 일의 결정권 때문이라고 해석했다. 즉, 낮은 지위에 있는 자들일수록 자기들이 결정할 수 있는 일이 없는 데서 오는 스트레스 때문에 병에 많이 노출된 것이라고 말이다. 『행복의 공식』 과히 틀린 해석은 아니라고 생각된다.

창조의 최대 이변

그렇다면, 진지하게 물어보자. 자유란 무엇일까? 인간에게 자유가 무엇이기에 결정권 행사의 여부에 따라 생활과 생명이 이처럼 달라지는 것일까? 도대체 자유가 무엇이기에 미국의 독립운동가 중 한 사람인 패트릭 헨리는 "나에게 자유를 달라. 그렇지 않으면 죽음을 달라"고 절규한 것일까?

자유는 본래 하나님의 속성이다. 하나님은 '나는 곧 나' 출3:14이신 분, 즉 자유이신 분이다. 그분의 모든 말씀은 자유로운 창조의 말씀이며 해방의 말씀이다. 그분의 영은 자유의 영이다. 예수님은 자유의 인간이고, 하나님나라는 자유의 나라다. 하나님은 자유이신 분이기 때문에 내재한 프로그램을 따라 움직이는 세상, 원격 조정하는 대로 움직이는 세상, 어떤 일탈이나 선택도 불가능한 완벽한 기계로서의 세상을 만드실 수 없었다. 하나님은 자유로운 도전과 선택을 할 수 있는 세상, 하나님의 말씀을 순종할 수도 있지만 불순종할 수도 있는 세상, 프로그램화된 복종보다는 자유로운 순종의 세상, 자유 없는 완전한 세상보다는 자유 있는 불완전한 세상을 원하셨다. 그래서 그분께서는 당신의 자유의지를 한갓 피조물인 인간에게 쏟아 붓는 파격을 행하셨다. 그것도 약간의 자유가 아니라 창조자의 뜻까지도 거스를 수 있는 완전한 자유를. 물론 하나님께서는 피조세계의 운명이 인간의 자유의지에 의해 짓밟힐 수도 있다는 것을 충분히 아셨을 것이다. 하지만, 하나님은 자유의지가 없는 안정된 세계보다는 자유의지가 있는 위험한 세계를 펼치는 모험을 감행하지 않을 수 없으셨다. 진실로 그렇다. 한갓 피조물에게 자유의지를 허락하는 모험을 감행하실 만큼 하나님은 본질적으로 자유이시다. 그리고 그 자유를 무엇보다 소중히 여기신다.

더 놀라운 일은 전능자요 주권자이신 하나님께서 인간의 자유의지를 어떤 이유로도 침해하지 않는다는 것이다. 모든 사람이 구원에 이르기를 원하시는 분께서 재앙에 빠진 인류를 일거에 구원하면 좋겠는데, 그분의 능력으로 구원의 역사를 밀어붙이면 정말 좋겠는데, 아마 당신도 이런 희망을 한 번쯤 품어보았을 것이다 하나님은 도대체 그렇게 하지를 않으신다. 세상을 구원하기 위해 당신의 몸을 십자가에 던질 정도로 구원 의지가 크셨음에도 인간의 자유의지를 짓밟으면서까지 행동하지는 않으신다. 사람이 마지막까지 회개하기를 거부하며 멸망의 구렁텅이로 떨어질지라도 인간의 자유의지를 꺾으면서까지 구원하지는 않으신다. 정말 그분은 주권자이시면서도 인간의 자유의지 앞에서는 꼼짝을 못하신다. 마치 인간의 자유의지를 존중하는 것을 죄와 죽음의 저주 가운데서 구원하는 일보다 더 본질적이고 중요한 일로 여기고 계시다는 생각이 들 만큼.

왜일까? 왜 전능하신 주권자께서 인간의 자유의지 앞에선 작아지시는 것일까? 도대체 인간의 자유의지가 무엇이기에 하나님도 침범하지 않으시는 것일까? 왜 하나님도 침범할 수 없는 성역, 어떤 이유로도 침해당하거나 박탈당해서는 안 되는 절대 성역으로 보호하시는 것일까? 거기에는 그럴만한 이유가 있다. 자유의지야말로 인간됨을 지킬 수 있는 최후의 보루요, 인간의 존엄성과 행복권을 담보할 수 있는 최고의 조건이기 때문이다. 자유 없이는 하나님의 본성에 어울리는 세계, 즉 자유가 춤추는 생명의 세계 대신 차가운 기계 세상이 되어버릴 것이기 때문이다. 또 자유 없이는 인격적인 사랑의 관계가 성립할 수 없기 때문이다.

이집트에서 종살이하던 이스라엘 백성을 이끌어내시고 나서도 그랬다. "나는 너희를 이집트 땅 종살이하던 집에서 이끌어 낸 주 너희의 하나님이다. 너희는 내 앞에서 다른 신들을 섬기지 못한다."출20:3 여기서 하나님은 자신을 종살이에서 해방시키신 분이라고 말씀하시면서 첫 번째 계명을 선포하셨다. 이 선포는 일단 금령처럼 들린다. 그러나 이 금령에는 전혀 다른 이야기가 숨어 있다. 인간이라고 하는 존재는 하나님 외에는 그 무엇도 섬겨서는 안 될 만큼 대단히 큰 존재라는 이야기, 하나님 한 분 외에는 모든 것으로부터 자유해야 한다는 이야기, 모든 것으로부터 자유하는 것만이 인간의 존재에 걸맞은 삶의 양식이라는 이야기가 숨어 있다. 그렇다. 다른 신들을 섬기지 못한다는 금령은 금령이기보다는 '자유의 선언'이다. 죄악으로 말미암아 인간의 자유의지가 훼손되었음에도 여전히 하나님 이외의 모든 것으로부터 자유해야 한다는 '자유의 선언'이다.

사실이다. 하나님에게 자유는 세상의 운명을 거는 모험을 감행하게 할 만큼 중요한 것이다. 이스라엘 백성이 빼앗겨서는 안 되는 삶의 절대적인 보루다.

자유와 자유의지 ❉

그런데 성경에는 조금 다른 이야기도 나온다. 성경은 자기를 부인하라고,^{막8:34} 자기 지혜와 지식을 의지하지 말라고^{시146:3, 잠3:5} 말한다. 주체적으로 사는 것을 죄라고 말한다. 물론 앞서 말한 것처럼, 하나님은 분명히 인간에게 자유의지를 주셨다. 또 자유의지를 절대로 침범하지 않으실 만큼 존중하신다. 그런데 그러면서도 동시에 자유의지를 갖고 주체적으로 사는 것을 정죄한다. 왜 그럴까? 왜 자유의지를 주어놓고 자유로운 의지의 사용을 정죄하는 것일까? 죄악으로 말미암아 타락한 자유의지는 더는 존중할 가치가 없어서일까? 아니면 심히 변질되고 왜곡되어서 용도 폐기시킨 것일까? 아니다. 하나님은 인간의 자유의지가 사람과 삶을 파괴하는 방종의 도구로 전락했을지라도 여전히 불법을 일삼는 인간의 자유의지를 존중하신다. 그리고 문제만 일으키는 자유의지임에도 그 자유의지가 없이는 결코 인간다운 삶, 활기 넘치는 삶, 행복한 삶을 살 수 없다는 사실 또한 변하지 않았다. 그렇다면, 도대체 왜 자유인으로서의 주체적인 삶을 정죄하는 것일까?

하나님께서 인간의 자유를 정죄하는 것은 '자유'가 '자유의지'로부터 이탈했기 때문이다. 찬찬히 살펴보자. '자유'와 '자유의지'는 일견 같은 것으로 보이지만 사실은 같지 않다. '자유'와 '자유의지'는 분명히 다르다. '자유'는 외부적인 구속이나 무엇에 얽매이지 아니하고 자기 마음대로 행동하는 것이다. 반면에 '자유의지'는 스스로 판단하고 선택할 수 있는 능력이다. 단순한 자유가 아니라 자유를 절제하고 유보할 수 있는 능력, 자유 위에서 자유를 다스릴 수 있는 능력이 곧 자유의지이다. 그러기 때문에 자유만을 외치는 것은 자유의지의 타락이며 왜곡이지 진정한 의미의 자유의지는 아니다. 건강한 자유의지는 하나님의 자유와 너의 자유를 위해 나의 자유를 절제할 줄 알고, 자유할 수 없는 삶의 현실을 직시하고 자유의 유보 상태를 견뎌낼 줄 아는 능력이다. 너의 자유는 최대한 존중하면서도 자신의 자유는 억제할 줄 아는 것이야말로 자유의지의 참 능력이다. 그리고 이런 자유의지가 작동할 때라야 우리는 비로소 자유할 수 있다.

사실이다. 자유를 통해서는 자유를 얻을 수 없다. 자유는 투쟁과 무질서를 낳을 뿐이지 자유를 잉태하지는 못한다. 자유는 오직 건강한 자유의지, 즉 자유를 다스릴 수 있는 자유의지를 통해서만 온다. 생각해보자. 모든 이가 자유만을 외치고, 자유만을 추구한다면 어떻게 되겠는가? 모든 이가 자유할 수 있을까? 자유롭기는커녕 서로의 자유를 억압하게 될 것이고, 무질서가 판을 치는 무법천지가 될 것이다. 자유의 주체가 아니라 자유의 종이 되고 말 것이다. 지혜이신 하나님께서 우리에게 자유를 주지 않고 자유의지를 주신 것도 바로 그 때문일 게다.

자유의지를 이탈한 자유

그런데 하나님이 허락한 자유의지 때문에 자유가 짓밟히는 실로 어처구니없는 사태가 발생했다. '자유'가 '자유의지'로부터 이탈해버리는 자유의 반란이 일어났고, 그로 말미암아 '자유의지'와 '자유' 사이에 틈이 벌어지고 말았다. 그때부터 사람은 자유를 원하면서도 자유에 따르는 책임이 두려워 자유를 유보하고, 자유 자체가 두려워 권위에 기생하면서도 자유를 목말라하는 심각한 모순에 빠졌다. 심지어 권위에 복종하는 것을 모범적인 시민의 덕목이라고 칭송하면서 권위에 굴종하는 비굴한 삶을 강요하기도 하고, 자유에의 갈망과 추구를 반사회적이라고 규정하면서 자유를 억압하며 변방으로 내몰기도 했다. 그랬다. 인간의 역사는 실로 자유를 향한 투쟁의 역사이기도 했지만, 자유를 억압하고 외면하는 회피의 역사이기도 했다.

이뿐 아니다. 자유의지를 이탈한 자유는 매우 포악해졌다. 지금 이 시대를 보라. 넘치는 자유에 자유가 짓밟히고 있다. 돈과 시장의 자유에 세계인의 자유가 삼킴을 당하고 있다. 지금 이 시대는 실로 인간의 자유에 인간의 삶이 짓밟히고, 돈의 자유에 인간의 자유가 짓밟히는 참으로 '포악한 자유'의 시대다. 애덤 스미스가『국부론』에서 시장의 자유를 말할 때만 해도 오늘과는 달랐다. 스미스는 인간이 생존하기 위해 필요로 하는 협력은 선의가 아니라 각자의 이기심에 따라 이뤄진다고 보았다. 자신의 이익만을 생각하는 소비자와 생산자가 시장에서 만날 때 가장 합리적인 가격이 형성될 수 있다고 보았다. 그래서 시장의 수요와 공급에 맡기는 것이 최선의 질서라고 보았다. 개개인이 자신의 이익을 위해 행동할 때 오히려 전체 이익이 증대된다고 보았기 때문에 모든 사람이 자유롭게 자신의 이익을 추구할 수 있도록 시장의 자유를 규제하거나 통제해서는 안 된다고 보았다. 나는 스미스의 이런 주장이 매우 냉철하고 정직한 인간 이해와 현실 인식에 기초한 것이라고 생각한다.

그런데 오늘날 시장의 자유를 부르짖는 신자유주의는 다르다. 지금의 신자유주의가 외치는 시장의 자유는 오직 자본과 시장을 독점하려는데 그 의도가 있다. 겉으로는 시장의 자유를 외치지만 속으로는 세계 시장을 지배하고자 하는 탐욕만이 들끓고 있다. 그리고 탐욕에 뿌리내린 자유, 시장이 외치는 자유는 우리네 일상을 심각하게 옥죄고 있다. 그 실상은 이렇다. 일등만 알아주는 더러운 세상. 능력이 없으면 도태되는 게 당연한 세상. 자본의 이익에 반하는 사람은 언제라도 퇴출할 수 있는 돈 우위의 세상. 태어나는 순간부터 경쟁의 하수인이 되어야 하는 세상. 행복하게 살아가는 법을 차분하게 배우기보다는 악착같이 살아남는 법을 배워야만 하는 세상. 바로 이런 야만적인 세상이 우리가 발붙이고 있는 세상이요 시장의 자유가 낳은 세상이다.

물론 이 시대가 자유의 홍수 시대라는 건 이론의 여지가 없다. 우리는 지금 자유를 만끽하고 있다. 하지만, 앞서 말했다시피 이 시대의 자유는 탐욕을 위한 자유, 자유를 위한 자유, 시장의 자유, 자본의 자유만이 활보할 뿐이지 여타의 자유는 외면당하고 있다. 시장이 자유를 외치고 자유의 주체가 되면서부터 삶을 위한 자유는 무한경쟁에 내몰리고 있다. 그래서 분명히 말해야겠다. 지금 이 시대는 자유의 시대가 아니라고. 시장과 자본의 자유가 인간의 자유를 짓밟는 탐욕의 시대, 역리의 시대이지 자유의 시대는 아니라고. 하기야 언뜻 보면 시장 안에서 맘껏 자유를 구가하는 것으로 보이기는 한다. 넘치는 자유가 오히려 부담스러울 만큼 선택의 기회가 무궁무진하니까 말이다. 하지만, 한 꺼풀만 더 벗겨보면 추악한 진실이 드러난다. 시장 안에서 소비의 자유를 구가하는 게 아니라 사실은 시장에 끌려가고 있다는 추악한 진실, 보이지 않는 손에 의해서 소비의 노예가 되고 있다는 추악한 진실 말이다. 아니라고 항변하고 싶은가? 필자도 그랬으면 좋겠다. 하지만, 시장과 자본의 자유가 진정한 자유를 잠식하고 있다는 것은 숨길 수 없는 이 시대의 추악한 진실이다.

심히 마음 아프지만 이건 부정할 수 없는 진실이다. 길거리의 네온사인처럼 화려한 이 시대의 자유는 시장과 자본의 자유일 뿐 인간의 자유는 아니다. 오늘 인간의 자유는 시장과 자본의 자유로운 행진에 짓밟혀 신음하고 있다. 왜일까? 왜 자본과 시장에게 자유를 빼앗긴 채 화려한 조화造花 같은 삶을 사는 것일까? 근본 이유는 앞서 말한 대로 건강한 자유의지가 작동하지 않는 자유 때문이다. 자유가 자유의지에서 이탈했기 때문이다. 자유가 자유의지에서 이탈했기 때문에 자유가 포악해진 것이고, 소수의 자유가 다수의 자유를 짓밟는 것이다. 시장의 자유가 인간의 자유를 집어삼키는 것이다. 그렇다. 이것이 자유의지를 이탈한 자유의 한계요 비극이다.

피조성의 한계 안에서의 자유

그러므로 우리는 기억해야 한다. 인간의 자유는 피조물의 자유임을. 그리고 피조물의 자유는 완전한 자유일 수 없음을. 창조자의 자유를 넘어설 수 없음을. 너의 자유를 침해해서도 안 됨을. 예수님께서도 말씀했다. 진리를 알라고. 그러면 그 진리가 너희를 자유하게 할 것이라고. _{요8:32} 그렇다. 우리의 자유는 진리에 묶여야 한다. 우리의 자유가 진리에 묶일 때 그 진리가 우리를 자유하게 할 수 있다. 진리에 묶이지 않은 자유는 헛된 것에 묶일 수밖에 없다.

그런데 사람에게는 모든 묶임을 해체하고 모든 것을 내 뜻대로 통제하고자 하는 비뚤어진 욕망이 있다. 자유의 한계를 거부하고자 하는 못된 근성이 있다. 그래서 끊임없이 묶임을 해체하려 하고, 묶임으로부터 탈출하려 한다. 하지만, 묶임으로부터 탈출하려 해서는 결코 자유할 수 없다.

참된 자유는 묶임을 해체하지 않는다. 참된 자유의 세계는 창조주의 자유와 너의 자유에 묶이는 것을 기뻐할 때 열리고, 그 묶임을 묶임으로 여기지 않을 때 열린다. 건강한 자유의지가 자유의 욕망을 제어하고 다스릴 때 열린다. 그래서 진정한 자유인이 되려면 모든 묶임을 해체하고자 하는 어리석은 욕망과 모든 것을 내 뜻대로 통제하고 싶은 헛된 욕망을 내려놓을 줄 알아야 한다. 내가 통제할 수 없는 일들이 수도 없이 발생하는 것이 인생이라는 것을 겸허히 인정하고 받아들일 수 있어야 한다. 부모나 자식을 원하는 대로 선택할 수 없고, 내 얼굴이나 신체의 특징을 원하는 대로 선택할 수 없고, 자연의 대재앙을 조절하거나 통제할 수 없고, 우연을 통제할 수 없고, 머리털 하나도 희거나 검게 할 수 없듯이 인생 또한 우리의 힘으로 통제할 수 없는 일들이 부지기수라는 걸 인정하고 받아들일 수 있어야 한다.

진실로 그렇다. 우리의 자유는 피조물의 자유다. 그리고 피조물의 자유에는 한계가 있다. 짐 머켈은 우리에게 인간의 한계를 바라보는 시선을 바꿔보라고 주문했다. "어떻게 보면 한계가 있다는 것은 좋은 일이다. 한계를 사랑함으로써 우리가 지향하는 삶을 위한 발판을 마련할 수 있다. 지구는 하나뿐이라는 사실, 지구가 생명을 키워내는 능력이 유한하다는 사실을 깨닫고 편안하게 받아들일 때 욕구를 제한하는 일에 생각과 마음을 열어 놓을 수 있을 것이다." 『단순하게 살기』 옳다. 인간이 가진 한계가 때로 인간의 삶을 제한하고 억압하기도 하며 그 때문에 겪어야 하는 불편한 일들이 한둘이 아니고, 또 억울하고 눈물겨운 일들을 겪어야 하는 것도 사실이지만, 그 한계가 오히려 삶을 추동하기도 하고, 흩어진 삶을 본질의 차원으로 복구시키기도 하고, 삶에 충실할 수 있게 하는 발판이 되기도 한다는 것 역시 엄연한 사실이다. 우리가 처한 상황에서 오는 불편이나 고통, 자기 통제의 범위를 넘어서는 일들로부터 도망치지 않고 그 안에서 성장을 이루어내는 지혜를 발견할 수만 있다면, 피조성의 한계는 인생의 걸림돌이 아니라 오히려 징검다리가 될 수 있다.

다시 자유의 세계를 향하여

다시 삶의 숨을 가다듬어보자. 사람이 불행한 것은 무엇 때문일까? 얇은 지갑 때문일까? 얼굴이 못나서일까? 공부를 못해서일까? 높은 자리에 오르지 못해서일까? 아니다. 사람이 불행한 것은 자유를 호흡하지 못해서다. 자유에의 갈망이 채워지지 않아서다. 그렇지 않은 것 같은가? 그렇다면 생각을 조금만 깊이 해보라. 아마 말하지 않아도 머리를 끄덕이게 될 것이다.

결국 사람이 행복할 수 있으려면 다른 무엇보다도 자유를 선택할 수 있는 안목과 주체적인 삶을 선택할 수 있는 용기가 있어야 한다. 물론 구조적으로 쉽지 않은 일임을 잘 안다. 우리는 지금 자유를 저당 잡아야만 생존할 수 있는 사회구조 속에 살고 있기 때문에, 시장과 자본의 자유가 인간의 자유를 짓밟는 야만의 시대를 살고 있기 때문에 자유를 선택한다는 것은 정말 생각보다 훨씬 어렵다. 대가를 지불하지 않고서는 자유를 얻을 수 없다. 많은 사람이 가슴앓이를 하면서도 자유를 포기하거나 유보한 채 사는 것도 그 때문이리라.

　인류의 역사를 돌아보자. 자유에 관한 한 우리는 지금까지 하나를 얻고 열을 잃는 마이너스의 길을 걸어왔다. 지금도 부유한 수인 囚人의 삶을 위해 검소한 주인의 삶을 저버리고 있다. 소비의 자유를 위해 존재의 자유를 저버리고 있다. 화려한 조화造花가 되려고 풋풋한 들꽃이기를 포기하고 있다. 그러나 사람은 자유를 숨 쉴 때에만 행복할 수 있다. 자유 없는 삶은 굴욕이요 치욕일 뿐 삶일 수 없다. 아무리 먹고 입고 마실 것이 충분하다 해도 자유 없는 삶은 인간적인 삶, 행복한 삶일 수 없다.

　인간의 삶은 자고로 화려한 조화가 아니라 풋풋한 들꽃이어야 한다. 그래서 나는 희망한다. 어떤 일을 결정하든지 자유의 가치를 알고, 자유를 최우선적으로 고려하는 법을 배우고 연습하기를. 바울처럼 자유하지 못한 환경 속에서도 자유자족할 수 있는 역량을 기르기를. 하나님나라의 백성이란 창조주께서 베풀어준 자유를 최고의 은총이요 자산으로 여기는 자임을 기억하고, 세상의 우상과 대세에 휘둘리지 않기를. 날마다 자유를 확대하며 살기를. 그러나 동시에 자유의 한계를 겸허하게 받아들일 수 있기를. 어떤 경우에도 타인의 자유를 침해하지 않기를. 아이들에게도 성공이나 돈보다 자유가 더 중요한 자산이라는 진실을 꼭 심어주기를. 그리하여 우리 모두 자유만큼 행복할 수 있기를.

긍정의 눈을 가지라

세상과 삶을 긍정의 눈으로 바라보는 것은 지혜의 샘이며 존재의 양약이다. 최악의 상황 속에서도 최선을 보고, 어둠 속에서도 빛을 보며, 바닥에서도 하늘을 보는 것이야말로 진주보다 값진 지혜의 눈이다. 긍정의 눈을 가진 자는 환란과 시련 앞에서도 낙심하거나 절망하지 않는다. 세상의 영악함에 뒤통수를 맞더라도 희망을 잃거나 방황하지 않는다. 운명의 파도가 내쳐도 쓰러지지 않는다. 긍정의 눈에는 정녕 그런 힘이 있다.

존재의 바탕인 긍정

눈을 들어 바라보면 아무것도 없지 않고 무엇인가가 있다. 우리의 상상력을 총동원해도 모자랄 만큼 다채롭고 현란한 것들이 무수히 펼쳐져 있다. 왜일까? 왜 아무것도 없지 않고 무엇인가가 있는 걸까? 그것은 '하늘과 땅이여 있으라!' 하신 하나님의 긍정 명령이 있었기 때문이다. 뿐만 아니라 하나님의 긍정의 힘이 붙들고 계시기 때문이다. 사실이다. 모든 존재, 모든 생명은 '하나님의 궁정'에서 나왔다. '긍정' 이야말로 존재의 바탕이다.

그래서일까? 존재를 긍정하는 칭찬은 모든 존재에게 활기를 불어넣는다. 칭찬은 고래도 춤추게 한다지 않던가. 하기야 고래뿐 아니다. 칭찬은 꽃들도 춤추게 한다. 꽃에게 좋은 음악을 들려주면 더 싱싱하게 자라고 예쁜 꽃을 피운다는 것은 많은 실험 결과가 증거하는 진실이다. 심지어 물도 칭찬에 반응한다고 한다. 오랫동안 물과 파동을 연구해온 일본의 에모토 마사루는 물의 결정이 중요함을 발견하고, 5년간의 연구 끝에 물의 결정 사진을 얻었는데 그 결과가 자못 놀랍다. 물에게 '사랑한다', '감사하다', '멋지다'고 말하거나 긍정적인 메시지를 건네면 물의 결정이 아름다운 육각형인 데 비해, '멍청한 놈', '바보', '짜증 나', '죽여버릴 거야' 등과 같은 부정적인 말에는 마치 어린애가 학대를 당하는 것 같은 흉측한 형상이 나왔다는 것이다.『물은 해답을 알고 있다』물론 전적으로 신뢰하기에는 미심쩍고 의아스러운 부분이 있다. 그러나 그럴지도 모르겠다는 생각도 들었다.

사람도 예외가 아니다. 칭찬의 말을 듣고 좋아하지 않는 사람은 없다. 남녀노소를 불문하고 누구든 칭찬을 들으면 활력이 솟는다. 축 처진 어깨와 음울했던 얼굴이 활짝 펴지고, 마음에 생기가 돈다. 사람들이 모인 자리에서도 긍정적인 말 한마디가 소통의 물꼬를 트고, 썰렁했던 분위기를 반전시킬 때가 많다. 아내 임현미는 초등학생을 가르치는 교사다. 오랜 세월을 교단에 섰다. 그런데 아내가 맡는 반 아이들은 다른 반 아이들보다 발표를 잘하고 행복해한다고 한다. 잘난 아이나 못난 아이나 다 사기가 충천하고 학교생활을 즐거워한다고 한다. 처음에는 소극적이었던 아이들, 문제아로 낙인찍혔던 아이들, 기가 죽어 있던 아이들도 몇 개월이 지나면 이상하게 밝아지고 자기표현을 적극적으로 한다고 한다. 무슨 비결이 있어서일까? 아니다. 아내는 그저 아이들의 강점을 보고 칭찬할 뿐이다. 문제투성이 아이에게서도 그 아이의 가능성과 장점을 찾아내 칭찬한다. 아내의 눈에 미운 아이란 없다. 아이들뿐 아니다. 아내는 누구를 보든 그 사람의 장점을 본다. 그리고 기회가 되면 그 장점을 아낌없이 칭찬해준다. 이건 아내의 천성이다. 그래서 누구든지 아내와 함께 있으면 격려를 받는다.

최근에 미국에서는 긍정심리학이 새롭게 부상하고 있다. 긍정심리학의 창시자로 인정받는 마틴 셀리그만이 긍정심리학을 주창하게 된 배경은 이렇다. "지난 50년 동안 심리학은 정신질환이라는 오직 한 가지 주제에만 매진해왔으며 상당한 성과도 거두었다. 결과로 심리학자들은 이제 우울증, 정신분열증, 알코올 중독과 같은 애매모호했던 증상들을 상당 수준으로 정확히 진단하게 되었다. 아울러 정신질환의 발병과정, 유전적 특징, 생화학적 작용, 심리적 원인들에 대해서도 상당한 지식을 축적하게 되었다. … 이제는 과학 분야에서 삶을 불행하게 하는 부정적 심리상태가 아니라 긍정적인 정서에 대해 연구하고, 개인의 강점과 미덕을 추구하여 일찍이 아리스토텔레스가 말한 '행복한 삶'으로 이끌어줄 학문이 되어야 할 때가 되었다."「긍정 심리학」 일리가 있다. 사람은 누구나 부정적인 정서보다는 긍정적인 정서가 충만할 때 뇌의 활동이 활발하고, 삶의 활기가 넘치고, 사람들과의 관계도 우호적이고, 새로운 일에 도전하는 힘이 생기는 게 사실이다.

긍정과 부정이 공존하는 하나님의 세계 ❦

'긍정'은 진실로 존재의 바탕이며 존재의 양식이다. 긍정이라는 일용할 양식을 필요로 하지 않는 존재는 하나도 없다. 그래서 하나님께서는 지금도 온 세상에 긍정의 손길을 보내고 계신다. 졸지도 않으시고 주무시지도 않으시며 세상을 돌보고 계신다.시 121:3~4 때가 되매 몸을 입으시고 피조 세계 속으로 들어오신 것도 그 때문이다. 죄 많은 세상을 차마 부정할 수 없어서, 세상을 향한 긍정을 결코 포기할 수 없어서, 세상을 만드신 분께서 친히 세상이 되신 것이다. 사실 성육신은 다른 게 아니다. 성육신은 세상에 대한 긍정이요, 인간에 대한 긍정의 행위이다. 십자가의 죽음과 부활 또한 세상과 인간에 대한 긍정의 행위이다.

혹자는 하나님의 심판을 떠올릴지 모르겠다. 심판의 메시지야말로 세상에 대한 하나님의 부정이 아니냐고 말이다. 옳다. 하나님은 공의로운 재판장이시다. 하지만, 나는 그분의 심판을 세상에 대한 부정으로 읽지 않는다. 하나님의 심판은 언제나 세상에 대한 긍정이었지 부정이었던 적이 없었고, 그분의 심판은 언제나 사랑의 행위였으니까 말이다. 물론 피상적으로 보면 부정처럼 보일 수 있다. 바벨탑 사건, 노아 시대의 홍수 사건, 소돔과 고모라 사건에서처럼 하나님의 심판이 부정과 파괴처럼 보일 수 있다. 하지만, 하나님의 심판은 단 한 번도 부정이나 파괴였던 적이 없다. 하나님의 부정과 파괴는 언제나 새로운 창조의 전희全犧였고, 치유와 구원의 전주(前奏)였다. 남아 있는 심판 또한 창조의 현실을 새 하늘과 새 땅으로 재창조하는 것임이 분명하다. 계21:1~5 그렇다. 하나님의 심판은 언제나 부정을 통한 긍정이었다. 세상을 긍정하기 위한 사랑의 개입이었다. 하나님의 행위는 사랑 아닌 것이 없다. 하나님의 긍정은 인간의 긍정과 부정을 넘어선다.

물론 하나님이 세상을 향해 긍정 명령만 하신 건 아니다. 창조는 긍정 명령으로 하셨지만, 창조 이후에는 "하지 마라"는 부정 명령도 함께 하셨다. 타락 이후가 아니라 타락 이전에 부정 명령을 하셨다. 선악과를 먹지 말라고. 먹는 날에는 정녕 죽는다고. ^{창2:17} 하지만, 한 걸음만 더 나가 보자. 하나님의 부정 명령이 과연 부정이기만 할까? 앞에서도 말했지만, 하나님의 부정 명령은 결국 세상의 긍정을 위한 것이었다. 하나님이 보시기에 심히 좋았던 아름다운 피조 세계가 죄로 오염되는 것을 방지하기 위해, 생명의 근원이신 하나님과의 관계가 단절되는 것을 예방하기 위해 "하지 마라"는 부정 명령을 하신 것이었다. 우리의 생명과 삶의 긍정을 위해 부정 명령을 하신 것이었다. 그렇다. 하나님의 부정 명령은 부정이 아니었다. 인간과 세상을 향한 긍정의 표현이었다.

예수님도 보라. 예수님은 몸을 입고 세상 속으로 들어오실 만큼 세상을 긍정하신 분이셨다. 유리방황하는 백성을 보면서 목자 없는 양 같음을 인하여 아파하셨을 만큼 위대한 긍정의 품을 가진 분이셨다. 물론 그분만큼 세상의 어둠을 깊이 꿰뚫어보고, 세상의 죄악을 냉엄하게 비판하고 꾸짖으신 분도 없으셨다. 하지만, 그분만큼 어둠에 빛을 비추신 분이 없고, 죄악을 품으신 분이 없다. 그분이 품을 수 없는 사람은 세상에 없었다.

내가 세상을 긍정하게 된 것도 하나님의 창조와 사랑을 알고부터였다. 하나님의 창조와 사랑을 알기 전까지 세상은 나에게 전적인 타자였다. 나도 세상에 말을 걸 수 없었고, 세상도 나에게 말을 걸어오지 않았다. 그저 나는 나, 세상은 세상일 뿐이었다. 그런데 하나님을 알고 난 후 달라졌다. 모든 것이 창조주 하나님에게서 나왔다는 것을 알게 되자 모든 것이 친근하게 느껴졌다. 하나님과 세상 모든 것이 삼인칭 '그것'에서 이인칭 '너'로 다가왔다. 온 세상과 삶이 하나님의 선물로 보였다. 생의 아름다움과 축복이 눈부시도록 아름다웠다. 이때부터 나는 인생 예찬론자가 되었다. 그리고 지금까지 세상과 삶에 대한 나의 긍정은 흔들린 적이 없다. 단 한 번도 세상을 원망하거나 적대시한 적이 없다. 비록 어둠과 죄악이 관영한 세상이요, 부족한 것투성이인 세상이요, 근심과 염려를 놓을 수 없는 인생이요, 비판하지 않을 수 없는 세상이지만, 그럼에도 세상의 아름다움을 외면한 적이 없고, 삶을 향한 감사와 애정의 마음을 잊어본 적이 없다.

물론 사람이 긍정의 눈을 잃지 않고 산다는 건 쉬운 일이 아니다. 삶이란 한없이 고단하고 불의하며, 고통과 패배의 쓴 잔을 피할 수 없고, 뜻하지 않은 사고와 원치 않는 일들을 마주해야 하고, 크고 작은 상처로 말미암아 하루에도 수십 번씩 마음과 영혼이 무너져 내리곤 하는 것이기 때문에 긍정의 눈을 잃지 않고 평생을 산다는 건 정말 쉬운 일이 아니다.

긍정의 눈에 대한 오해 🦋

그래서일까? 요즘 긍정에 대한 이야기가 봇물 터지듯 하고 있다. 긍정의 눈을 갖고 살자며 여기저기서 아우성이다. 그런데 요즘 회자하는 긍정의 눈에는 몇 가지 문제가 있어 보인다. 크게 보아 세 가지가 눈에 띈다.

첫째, ‘긍정의 눈’과 ‘긍정적인 눈’의 차이를 구별하지 않는다는 점이다. 사람들은 보통 긍정의 마음을 이런 식으로 이해한다. 모든 사태에는 어두운 면과 밝은 면이 있는데 같은 값이면 밝은 면을 보는 것, 또 모든 일을 좋은 쪽으로 생각하는 것이 긍정의 마음이라고 말이다. 예를 들면, 컵에 물이 반쯤 차 있을 때 긍정의 마음을 가진 사람은 ‘물이 반이나 남았다’고 생각하는 데 비해 부정의 마음을 가진 사람은 ‘물이 반밖에 안 남았다’고 생각한다는 식이다. 물론 그런 이해가 완전히 틀렸다고 할 수는 없다.

하지만, 그것은 어디까지나 ‘긍정적인 눈’이지 ‘긍정의 눈’은 아니다. ‘긍정의 눈’과 ‘긍정적인 눈’은 엄연히 다르다. ‘긍정의 눈’이 눈앞의 현실을 있는 그대로 정직하게 인식하고 받아들이는 것이라면, ‘긍정적인 눈’은 눈앞의 현실을 통째로 보지 않고 밝은 면만 보는 것이니까 말이다. 사실 ‘긍정적인 눈’은 ‘긍정의 눈’과 달리 사태의 한쪽만 바라보는 외눈박이 사시斜視를 피하기 어렵다.

사태의 어두운 면을 보지 못하도록 억압하기 쉽다. 상황을 좋은 쪽으로만 호도하는 잘못을 범하기도 쉽다. 이건 그냥 하는 말이 아니다. 우리 주변에서 숱하게 일어나는 현실이다. 회사, 학교, 교회, 국가, 가정을 가릴 것이 없다. 크든 작든 이런저런 모임과 조직에서 일상적으로 일어나는 눈앞의 현실이다. 특히 지도자들일수록 '매사를 긍정적인 눈으로 보라'는 메시지를 통해 사람들의 눈을 가리고 호도하는 일이 많다.

둘째, 긍정과 부정을 지나칠 정도로 대립시킨다는 점이다. 삶이란 언제나 변증법적으로 작동하지 대립적으로 존재하지 않는다. 부정과 긍정이 일차적으로는 대립하지만, 대립으로 끝나지는 않는다. 부정과 긍정의 대립은 언제나 새로운 합일로 나아간다.

밤과 낮을 보라. 빛은 어둠을 몰아내고, 어둠은 빛을 삼킨다. 둘은 분명히 대립한다. 하지만, 어둠이 빛을 삼키지 않으면 새로운 아침은 오지 않는다. 또 빛이 어둠을 몰아내지 않으면 새로운 밤은 찾아오지 않는다. 부정과 긍정도 마찬가지다. 부정적인 생각은 긍정적인 생각을 통해서 교정되고, 긍정적인 생각은 부정적인 생각을 통해서 심화한다. 긍정적인 생각으로만 꽉 차 있는 긍정은 새로운 긍정으로 나아가지 못하고 현재의 긍정적인 생각 속에 머물고 만다. 진실로 그렇다. 부정이 없는 긍정이나, 긍정이 없는 부정만으로는 새로운 미래를 열어가지 못한다. 이내 곧 고착화되어 죽고 만다. 세상만사가 그렇다. 모든 긍정은 부정을 통해서만 새로운 긍정으로 나아갈 수 있고, 모든 부정은 긍정을 통해서만 새로운 부정으로 나아갈 수 있다. 그런데 조엘 오스틴을 비롯해 긍정의 눈을 강조하는 사람들은 이와 같은 삶의 변증법적 현실을 외면한 채 긍정과 부정을 지나치게 이분법적으로 대립시킨다.

셋째, 긍정의 눈을 믿음과 동일시한다는 점이다. 조엘 오스틴이 '긍정의 힘'이라고 강조한 데서 알 수 있듯이, 긍정의 눈을 강조하는 자들은 긍정 자체에 신비한 능력이 있는 것처럼 생각한다. 생각을 바꾸면 인생도 바뀌고, 긍정적인 생각으로 내면을 꽉 채우면 인생 또한 긍정적으로 굴러간다고 생각한다. 아니, 그렇게 믿는다. 물론 일리가 있다. 사람은 생각의 지배를 받는 존재다. 그 사람의 생각이 곧 그 사람이다. 고로, 생각을 바꾸면 인생도 바뀔 수 있다. 아니, 생각이 바뀌어야 인생이 바뀐다. 하지만, 그것은 인간적인 신념의 차원이지 성경이 말하는 믿음의 차원은 아니다.

믿음이 무엇인가? 믿음이란 하나님을 신뢰하는 것이다. 근원 생명이신 하나님과의 관계 속에서 삶의 중심에 들어가는 것이 믿음이다. 믿음은 하나님을 닦달하는 것도 아니고, 하나님의 약속 몇 가지를 붙잡고 자가발전을 하는 것도 아니다. 성경이 말하는 믿음에는 본래 엔진이 없다. 자가발전을 할 수 있는 엔진이 없다. 그런데 사람들은 자꾸만 믿음에 엔진을 장착하고 싶어 한다. 그것도 성능이 좋은 엔진을 장착하고 싶어 한다. 긍정적인 생각으로 무장된 믿음의 엔진 말이다. 그러나 엔진을 가동하는 믿음, 자가발전을 하는 믿음은 실상 가짜다. 신념의 체계일 뿐 믿음의 체계는 아니다. 참 믿음엔 엔진이 없다.

그런데 요즘 회자되는 조엘 오스틴 식의 긍정 이야기에는 '긍정의 눈'이 없고 '긍정적인 눈'만 있다. 인간과 삶의 신비를 보지 못하는 천박함과 긍정의 엔진을 가동시키라고 닦달하는 성급함이 넘친다. 예수님은 달랐다. 예수님은 세상을 긍정하셨지만, 세상을 긍정적으로 보지는 않았다. 또 세상의 어둠을 비판하며 회개의 메시지를 선포하셨지만, 세상을 부정적으로 보지도 않았다. 예수님은 세상을 긍정적으로나 부정적으로 보지 않고, 있는 그대로 보았다. '긍정적인 눈'이 아니라 '긍정의 눈'으로 보았다. 긍정적으로 생각하라거나 긍정적인 눈으로 바라보라는 권고를 하지 않으셨다는 것은 두말할 나위도 없다.

긍정적인 눈의 한계와 위험

하기야 같은 값이면 좋은 쪽으로 생각하는 '긍정적인 눈'을 나쁘다거나 악하다고 할 수는 없다. '긍정적인 눈'에는 많은 미덕이 있다. 사람들을 자기편으로 끌어안는데도 도움이 되고, 인생을 밝고 힘차게 사는데도 밑천이 된다. 또 부와 성공을 얻는데도 큰 자산이 되고, 살갑고 따뜻한 사회를 만들어 가는데도 밑거름이 된다. 사실이다. '부정적인 눈'보다는 '긍정적인 눈'이 훨씬 덕스럽고 유익한 것이 사실이다. 사회적인 차원의 인생만을 생각한다면 '긍정적인 눈'만 가져도 충분하다. '긍정적인 눈'만으로도 얼마든지 인생의 강을 건널 수 있고, 덕스럽고 유익한 인생살이를 해낼 수 있다.

그러나 '긍정적인 눈'이 아무리 덕스럽고 유익하다 해도 긍정 일변도는 좋지 않다. 일변도는 하나의 극단에 지나지 않는 것이기 때문에 '긍정일변도'이든 '부정일변도'이든 일변도는 결코 좋지 않다. 삶의 현실이 어떠한가? 죄와 불의가 가득하지 않은가? 회의와 부정의 눈으로 살피지 않으면 죄의 종노릇 할 수밖에 없는 일들이 지천이지 않은가? 회칠한 무덤과 같은 것이 인생이고, "회개하라 천국이 가까웠느니라"는 예수님의 말씀처럼 죄의 실존을 보고 전환하는 회개가 없이는 천국을 볼 수 없는 것이 세상 아닌가? 그러니 세상을 본받지 않으려면 마땅히 깨어 있어야 하는 것 아닌가? 그런데 그런 세상을 '긍정적인 눈'으로만 바라보라고? 삶의 어둔 그늘을 외면하라고? 말이 안 된다. 부정의 변증법을 무시하는 긍정일변도는 절대 유익하지도 않을뿐더러 오류에 빠질 수밖에 없는 한계가 있다. 외눈박이 사시斜視의 위험, 상황을 좋은 쪽으로만 몰아가는 호도의 위험, 하나님의 긍정에 이르지 못하게 가로막는 위험에 빠질 수밖에 없는 한계가 있다. 또 영적이고 존재론적인 깊이를 추구하고, 삶의 지평을 넓히며, 내면의 성숙을 다져가는 데에도 턱없이 부족하다.

사람은 대부분 강점과 성공보다는 약점과 실패를 통해 단련되는 경우가 많다. 강점보다는 약한 부분이 성숙의 밑거름이 되는 경우가 많다. 강점은 우리를 넘어지게 하고 교만하게 하지만, 약점은 내면의 깊이와 겸허함으로 나아가게 하는 경우가 많다. 바울이 자신의 약함을 자랑한 것도 약함이 강함의 자원이라는 놀라운 비밀을 깨달았기 때문일 것이다. 고후12:10 사실이다. 삶의 광채뿐 아니라 삶의 그늘도, 존재의 강점뿐 아니라 존재의 약점도 삶의 소중한 자산이며 은총이다. 인생의 밝은 면만이 진실의 전부는 아니다. 인생의 어두운 면도 진실의 일부이다. 더욱이 긍정만이 긍정을 낳는 것도 아니다. 부정이야말로 진정한 긍정을 낳는 길이며, 부정을 통하지 않고서는 진정한 긍정에 이를 수 없다. 물음이 없이는 답을 찾을 수 없듯이.

진정한 긍정의 눈

　다시 말하지만 '긍정의 눈'과 '긍정적인 눈'은 다르다. 앞에서 말한 것처럼 '긍정의 눈'은 사태의 밝음뿐 아니라 어둠도 보는 것이다. 눈앞의 현실을 외면하거나 부정하지 않고, 있는 그대로를 보고 받아들이는 것이다. 한 걸음 더 나아가 긍정 속에 있는 부정을 보고, 부정을 통해 긍정을 보는 것이다. 이렇게 보는 것이야말로 진짜 '긍정의 눈'이다.

　이런 '긍정의 눈'은 하나님을 통해 보아야만 열린다. 하늘을 통해 땅을 보아야만 열린다. 모든 것을 합력하여 선을 이루시는 하나님만이 진정으로 긍정적인 분이시고, 그 하나님의 긍정만이 참된 긍정이니까 말이다. 그렇다. 좋은 쪽으로만 생각하고 바라보는 인간의 긍정은 긍정적인 것에 불과하다. 외눈박이 사시에 불과하다. 땅을 통해 땅을 보는 것에 불과하다. 그리고 그런 '긍정적인 눈'으로는 삶에 깃들인 행복을 볼 수가 없다. 삶에 깃들인 행복을 보기 위해서는 '긍정적인 눈'을 넘어 '긍정의 눈'으로 나아가야 한다. '긍정의 눈'으로 세상과 삶을 보아야 한다. 그래야만 최악의 상황 속에서도 최선을 볼 수 있고, 어둠 속에서도 빛을 볼 수 있다. 바닥에서도 하늘을 볼 수 있고, 고난의 현실 속에서도 평강과 행복을 잃지 않을 수 있다. '긍정의 눈'은 진실로 지혜의 샘이며 존재의 양약이다. 생활 속에서 행복을 찾아내는 삶의 시선이다.

11 지금 여기에 집중하라

사람은 존재만으로 만족하지 못하는 유일한 동물이다. 줄기차게 소유와 성취를 향해 내달리는 걸 보면, 그것도 다른 사람보다 더 많은 것을 소유하고 성취해야만 비로소 웃는 걸 보면 정녕 그렇다. 나무는 그러지 않는다. 나무는 존재와 삶이 하나다. 사는 것이 곧 존재하는 것이요, 존재하는 것이 곧 사는 것이다. 나무는 여기저기를 들쑤시며 다니지 않는다. 그저 묵묵히 자기 자리에 뿌리를 내리며 일평생을 산다. 바람이 불면 바람을 맞고, 비가 내리면 비에 젖어 산다. 시샘하는 것도 없고 불평하는 법도 없다. 한국의 봄을 수놓는 진달래는 소나무나 플라타너스처럼 키가 크지 않다고 불평하지 않는다. 키 큰 나무들 속에 난쟁이처럼, 못난이처럼 숨어 있지만 한 번도 소나무가 되겠다며 몸부림치지 않는다. 그저 이른 봄, 산을 붉게 물들이는 것으로 충분해한다. 진달래는 목련처럼 꽃잎이 크지도 않고 화려하지도 않다. 하지만, 진달래만의 멋과 향이 있다. 키 큰 나무들 속에서 피어나기에 오히려 더 아름답다. 진달래뿐 아니다. 모든 나무는 존재에 충실하다. 그러면서도 때가 되면 맛과 향기 가득한 자기만의 열매를 맺는다.

나무 앞에서

그런 나무를 바라보고 있노라면, 때로 나로서 올곧게 살지 못하는 나 자신이 부끄럽기도 하고, 존재에 충실하면서도 열매까지 풍성히 맺는 나무가 부럽기도 하다. 그리고 나도 나무처럼 내 자리를 지키며 꼿꼿하게 살아야겠다는 야무진 꿈을 꾸어보기도 한다. 그러나 또 다른 마음이 나무의 삶을 살고자 하는 마음을 자꾸만 어지럽힌다. 아직도 욕망을 내려놓지 못한 마음이 나무처럼 살고자 하는 마음을 짓밟고, 허기를 채우려고 여기저기를 기웃거린다. 아마 필자뿐 아닐 것이다. 많은 이들이 존재를 풍성케 할 무언가를 찾아 존재를 끌고 다니기에 바쁠 것이다. 몸은 현재에 있는데 마음과 정신은 과거와 미래를 쏘다닐 것이다. 교실에 앉아 있지만 친구하고 영화 본 생각하는 학생. 밥을 먹고 있지만 눈과 마음은 온통 텔레비전 연속극에 빠진 가족. 산책을 하면서 사업 구상을 하는 사람. 바닷가를 거닐면서 옛 애인을 생각하는 여자. 다들 몸과 마음이 제각각이다. 마음엔 언제나 내일에 대한 염려가 가득하다. 건강을 잃으면 어떡하나. 경제가 어려워지면 어떡하나. 알뜰살뜰 아껴가면서 열심히 저축을 하고 있는데 아파트 값이 오르면 어떡하나. 정말 끝이 없다. 현재 속에 미래가 들어와 있고, 현재 속에 과거가 숨 쉬고 있다.

　대학생들도 요즘에는 졸업 후 취업이 어렵다 보니, 입학하자마자 취업 때문에 고민하며 취업 준비에 매달리고 있다. 과거의 대학생활은 오늘에 충실했었다. 당시의 사회 문제를 놓고 고민도 하고, 때로는 데모를 하면서도 대학생활 자체를 즐겼다. 그런데 지금의 대학생활은 졸업 후 취업에 붙잡혀 있다. 도대체 오늘이 없다. 대학시절은 생각하고, 배우고, 경험해야 할 것들이 많은 때이다. 자아발견, 세상의 평화와 빈부 문제, 신앙의 재정립, 사회의 다양한 이슈들, 새로운 도전과 경험, 깊이 공부해야 할 전공, 젊어서 꼭 읽어야 할 수많은 책, 홀로 서는 연습, 이성과의 연애 등 정말 겪어내야 할 일들이 많다. 대학시절이 아니면 할 수 없는 일들, 취업 준비보다 훨씬 중요하고 가치 있는 일들이 많다. 그런데 취업 준비 때문에 대학시절에 경험해야 할 소중한 것들을 놓치고 있다.

　예수님은 말씀했다. "내일 일을 위하여 염려하지 마라. 내일 일은 내일 염려할 것이요 한 날 괴로움은 그날에 족하니라"마6:34 여기서 예수님은 내일 일을 염려하느라 오늘을 살지 못하는 어리석음을 피하라고 말씀하신다. 내일 염려할 일이 생기겠지만, 그렇다고 오늘 당겨서 염려할 것까지는 없다고 말씀하신다. 그렇다. 예수님은 내일에 대한 염려에 묶인 오늘을 구원코자 하셨다. 내일에 대한 염려에서 오늘을 구원하는 것이 삶을 구원하는 첩경임을 아시고 오늘을 구원코자 하셨다.

예수님은 내일 일을 염려하지 말아야 할 배경에 대해서도 말씀하셨다. 솔로몬의 모든 영광으로도 입은 것이 이 꽃 하나만 같지 못하였다고 말이다. 마6:29 아, 솔로몬! 그는 인간이 누릴 수 있는 최대의 호사와 영광을 누린 사람이다. 그런데 그런 솔로몬이 누린 영광도 길가에 피어 있는 꽃 한 송이의 영광에 미치지 못한단다. 역설이다. 도무지 현실적으로 들리지 않을 만큼 대단한 역설이다. 그리고 이 역설 속에는 놀라운 진실이 깃들어 있다. 하나님께서는 이미 충분한 세상, 이미 영광으로 가득한 세상, 뭔가를 덧붙이거나 첨가할 필요가 없는 세상을 주셨다는 진실이 깃들어 있다. 물론 이 세상은 한없이 부족하고 연약한 것투성이다. 하지만, 예수님은 그런 세상 속에서도 이미 충분한 세상의 비밀, 이미 영광으로 가득한 더 깊은 세상의 진실을 들여다보셨다. 깨어진 영광 가운데에서도 충만한 영광을 보셨다. 솔로몬이 입은 영광과는 비교도 할 수 없는 하나님의 영광, 존재의 영광을 보셨다. 그래서 내일 일을 염려하지 말고 오늘에 거하라고, 성취에 목매달지 말고 존재에 충실하라고 말씀하실 수 있었다.

삶의 꽃봉오리 🦋

그런데 사람은 결정적으로 현재에 머물지를 못한다. 파스칼이 정확하게 지적했다. "우리는 결코 현재에 살고 있지 않다. 우리는 너무 더디게 온다며, 마치 그 속도를 앞당기려는 듯 미래를 갈망한다. 또한, 너무 빠르게 지나갔다면서 과거를 되새기기도 한다. 얼마나 진중하지 못하면 이미 우리 손아귀에서 벗어난 시간 속을 아직도 헤매 다니고, 얼마나 허황하면 있지도 않은 걸 골똘히 생각하고, 존재하는 유일한 것을 아무 생각 없이 회피해버리는지 모른다. 각자 자신의 생각을 정직하게 들여다보라. 틈만 나면 과거나 미래의 일로 골몰하는 자신을 발견할 것이다. 우린 현재에 대해 거의 아무 생각도 하지 않는다. 과거와 현재를 우리는 대개 수단으로 생각한다. 오로지 미래만이 우리의 목표가 되는 셈이다. 따라서 우리는 결코 살아 있다고 할 수 없으며, 오직 살기를 희망한다고 볼 수밖에 없다."「팡세」

사람이 그렇다. 필자도 몇 년 전 현재를 사는 것의 중요성을 깨닫고, 현재를 살려고 노력해본 적이 있다. 산책할 때에는 산책하는 것에만 집중하고, 밥 먹을 때에는 먹는 일에만 집중하려 해봤다. 반찬 하나하나의 고유한 맛을 음미하고, 나물의 향기도 맡고, 밥알 하나 속에 얼마나 많은 수고와 햇빛과 비가 깃들어 있는지를 생각하면서 밥을 먹으려 해봤다. 그런데 생각처럼 되지 않았다. 밥을 씹으면서도 마음은 엉뚱하게 이 일 저 일에 끌려 다니기 일쑤였고, 마음을 단단히 부여잡고 현재에 집중하다가도 어느새 과거와 미래를 쏘다니고 있었다.

우리는 흔히 내일에 대한 꿈이 있어야 현재를 잘 살 수 있다고 말한다. 내일을 위해 오늘을 살아야 내일의 발전이 있을 수 있다고 말한다. 옳다. 내일에 대한 꿈이 있어야 현재를 열심히 살 수 있는 법이다. 내일을 위해 오늘 준비해야만 내일의 발전이 있을 수 있는 법이다. 인간은 미래를 생각할 수 있는 유일한 동물이다. 뭔가를 상상하고 꿈꾸는 것, 오늘만이 아니라 과거와 미래를 넘나들며 생각하고 예측하는 것이야말로 인간이 가진 독특한 능력이다. 실험 관찰에 의하면, 전두엽의 일부가 손상되면 사람이 침착해지는 반면 계획하는 능력은 상실된다고 한다. 미래를 생각하는 능력이 손상된다는 것이다. 그러고 보니 내일을 생각하며 계획할 수 있다는 것은 정말 은총이요 축복이 아닐 수 없다.

그런데 과거와 미래를 생각할 수 있는 신묘한 능력 때문에 어제와 내일을 배회하면서 오늘을 살지 못하는 것이 사람이다. 참으로 어리석은 일이지만 사람은 대부분 내일을 위해 오늘을 산다. 사실 오늘은 내일을 위해 있지 않다. 오늘은 오늘을 위해 있을 뿐이다. 그리고 오늘이 쌓여서 내일이 되어야지 내일을 위해 오늘이 있어서는 안 된다. 물론 내일은 잊고 오늘에 파묻혀 살자는 이야기가 아니다. 내일의 꿈을 갖지 말자는 이야기도 아니다. 지금 말하고자 하는 것은 오늘을 내일의 발판으로 삼지 말자는 이야기다. 내일을 위해 오늘을 동원하지 말자는 이야기다. 오늘이 과거와 미래를 위해 봉사하게 해서는 안 되고, 과거와 미래가 오늘을 위해 봉사하게 해야 한다는 이야기다.

생각해보라. 내일의 꿈에 집중하고 몰두해서 내일의 꿈을 이룬다 한들, 그 때문에 오늘 경험하고 배우고 누렸어야 할 삶의 기회들을 놓친다면 무슨 의미가 있겠는가? 우리가 이 세상에 존재하는 이유가 단지 꿈을 이루기 위함은 아니지 않은가? 성취의 결과물을 내놓고 자랑하기 위함도 아니지 않은가? 아무리 꿈을 이루는 것이 소중하고 가치 있는 일이라 해도 감사하고, 당당하고, 평화롭고, 행복하게 현재를 사는 것보다 더 소중하거나 가치 있는 일은 아니지 않은가?

시인 정현종은 『모든 순간이 꽃봉오리인 것을』에서 노래했다.

나는 가끔 후회한다.
그때 그 일이
노다지였는지도 모르는데…

그때 그 사람이

그때 그 물건이

노다지였는지도 모르는데…

더 열심히 파고들고,

더 열심히 말을 걸고,

더 열심히 귀 기울이고,

더 열심히 사랑할 걸…

반벙어리처럼,

귀머거리처럼,

보내지 않았는가,

우두커니처럼…

더 열심히 그 순간을 사랑할 것을…

모든 순간이 다아 꽃봉오리인 것을

내 열심에 따라 피어날 꽃봉오리인 것을!

아! 정녕 그러하다! 모든 순간이 다 꽃봉오리이다! 우리가 지금
이 순간에 충실할 수만 있다면 모든 순간은 다 꽃봉오리이다!

오늘을 살지 못하는 이유

생각하면 생각할수록 현재보다 더 위대하고 소중한 것은 없다.
현재와 바꿀 수 있는 것은 아무것도 없다. 진실로 모든 순간은 다
삶의 꽃봉오리일 수 있다. 그런데 모든 순간이 삶의 꽃봉오리일 수

있음에도 우리는 매 순간을 과거와 미래의 포로가 되어 살고 있다. 미국의 사상가 에머슨이 "인간은 바로 지금 이 순간을 살지 않고, 회상의 눈으로 지난 일을 한탄하거나 자신을 둘러싼 풍요로움에 무관심한 채 발끝으로 서서 미래를 내다본다"라고 말한 그대로이다.

왜일까? 도대체 무엇 때문에 현재를 살지 못하는 고질병에서 헤어나지 못하는 것일까? 그것은 아마도 예수님의 눈을 가지지 못하기 때문이라고 생각된다. 솔로몬이 입은 모든 영광도 길가에 핀 꽃 한 송이의 영광에 미치지 못한다는 그 기막힌 진실을 보지 못하기 때문이라고 생각된다. 무언가를 찾아 뛰어다닐 필요가 없을 만큼 이미 모든 것이 충만한데도, 그 충만함의 실체를 보지 못하기 때문에 내일을 염려하며 불안해하는 것이라고 생각된다.

또 하나의 이유는 공간 중심적인 삶의 방식에 길들어 있기 때문이라고 생각된다. 우리는 그동안 공간 중심적인 삶, 즉 누가 더 많은 땅을 차지하느냐 하는 부동산 싸움에 골몰해왔다. 말로는 다들 '시간은 금'이라고 말하면서도 '시간 중심적인 삶'보다는 '공간 중심적인 삶'에 집중해왔다. 그런데 놀랍게도 성경은 "땅과 거기 충만한 것과 세계와 그중에 거하는 자가 다 여호와의 것"^{시24:1}이라고 선언하고 있다. 그리고 '땅과 거기 충만한 것들이 다 여호와의 것'이라는 이 진술은 땅과 세상의 모든 것들이 사적 소유의 대상이 될 수 없다는 것을 뜻한다. 또 땅을 차지하기 위한 싸움이 참으로 허망하기 이를 데 없는 것이라는 더 큰 진실도 말하고 있다. 옳다. 땅을 차지하는 것에서는 삶이 나오지 않는다. 삶은 본질적으로 시간적이다. 때문에 시간을 창조적으로 사용할 때에만 삶이 풍성해진다. 그런데 사람들은 공간을 차지하기 위한 싸움에 마음을 쏟느라 시간을 살지 못한다. 오늘을 살지 못한다.

오늘과 내일의 딜레마를 넘어서 ❧

물론 앞에서도 말한 것처럼 사람은 마땅히 내일을 생각하며 살아야 한다. 내일의 희망을 가슴에 품고 살아야 한다. 그래야 오늘에 충실할 수 있다. 그런데 문제가 있다. 내일을 생각하다 보면 자연스레 무엇을 먹을까, 무엇을 마실까, 무엇을 입을까를 염려하게 되니 말이다. 그리고 그러다 보면 자연스럽게 오늘을 놓치게 되니 말이다. 사람의 형편이 그렇다. 내일이 없으면 살 수 없으면서도, 내일 때문에 오늘을 빼앗기는 이 모순의 틈바구니에서 낑낑대는 것이 사람이다.

18세기 영국의 시인 알렉산더 포프는 삶의 이런 모순을 매우 쓸쓸하게 진술했다. "사람의 가슴에선 쉼 없이 희망이 솟는구나. 현재는 축복받지 못했으나, 항상 기다리는 미래의 축복. 집에 들어가지 못하는 불안한 영혼은 다가올 삶을 기대하며 쉬기도 하고 걷기도 하노라." 정곡을 찌르는 말이다. 그리고 현재의 불완전함과 행복하지 못함을 미래의 희망에라도 투사해야 하는 인간의 심리적인 고뇌와 현재의 곤란을 미래의 희망으로나마 극복해보겠다는 애달픈 의지가 아프게 다가온다.

  참 쉽지 않은 딜레마다. 내일을 생각하지 않으면 오늘을 살기가 어렵고, 내일을 생각하다 보면 오늘을 빼앗기게 되는 이 기막힌 모순을 어떻게 하면 좋을까? 프랑스의 철학자 베르트랑 베르줄리에게 귀 기울여보자. "순간을 산다는 것이 인생을 모아두려고 전전긍긍할 게 아니라 현재를 충실히 살자는 뜻이라면, '카르페디엠' 좋다! 기꺼이 순간을 붙잡자! 삶을 향한 조건 없는 긍정을 통해서 얻어진 해방감을 얼마든지 만끽하는 거다. 그러나 '카르페디엠'이 어린 시절이나 사춘기적 열기 속에 멋모르고 뛰어드는 위험천만한 혼돈을 의미한다면, 미안하지만 '아니올시다' 이다! 퇴행은 아니라는 얘기, 설탕처럼 달콤한 세계로의 회귀는 아니라는 얘기다."『행복 생각』 매우 정확한 지적이다. 오늘이 과거나 미래와 단절되면 안 된다. 과거나 미래와 단절된 오늘은 자칫 사춘기적 찰나주의, 즉 내일은 잊고 오늘에 파묻혀 살자는 어리석음에 빠질 수 있다. 하지만, 그런 어리석음만 조심한다면 현재를 사는 일에 집중하는 것이 삶에 충실할 수 있는 첩경이라는 건 부인할 수 없다.

　잠언의 인생론을 깊이 연구한 자끄 엘륄은 잠언의 행복론을 다음과 같이 요약했다. "행복한 날 동안에 갑자기 찾아와 당신에게서 행복을 거두어 갈지도 모르는 것 때문에, 이 행복을 완전하지 않게 하는 것 때문에 괴로워하지 말며, 행복이 헛되다는 사실 때문에 낙담하지 마라. 당신이 행복할 때 주저 없이 행복하여 이 단순한 행복에 빠져라. 우울한 생각은 하지 마라. 환상이나 궤변으로 도피함 없이, 내일이면 훨씬 나아지리라는 희망 없이, 어떤 희생을 감수하고라도 기대하지 않은 뜻밖의 완벽한 행복을 만들어내려는 추구 없이 행복해야 한다. 이 순간을 절정으로 살아라. 내일 불행이 찾아올 것이다. 내일을 염려하지 마라." 『존재의 이유』 나는 엘륄의 이 말이야말로 사람이 이 땅에서 맛볼 수 있는 행복에 대한 가장 현실적이면서도 가장 멋진 서술이 아닐까 생각한다. 그리고 우리 모두가 그렇게 살 수 있으면 좋겠다. 행복할 때에는 주저 없이 행복을 만끽하면 좋겠다. 비록 불완전한 행복일지라도 단순하게 그 행복에 푹 빠지면 좋겠다. 만일 이렇게 행복할 수 없다면, 우리는 영영 행복하지 못할지도 모르니까 말이다.

　주님은 말씀하셨다. '오늘'을 구원받으라고. 과거와 미래로부터 '오늘'을 구원받으라고. 지금Now 여기에Here 충실하라고. 지금 여기에 있는 작은 행복에 미소 지으라고.

12

비교하지 마라

　　　　　사람은 사회적 존재다. 더불어 사는 존재요, 마주 보며 대화하는 존재다. 그런데 서로 바라보며 살다 보면 아주 치명적인 일이 발생한다. 바로 비교하는 일이다. 아주 재미있는 이야기가 있다. 어떤 사람이 산에 들어가 기도를 드렸단다. 세상의 욕심을 버리게 해달라며 간절히 기도하고 있는데, 마귀란 놈이 나타나서는 이렇게 속삭이더란다. "지금 기도를 중단하고 내려가면 네 아들과 딸을 하버드 대학에 보내주마. 그리고 강남의 최고급 아파트도 가질 수 있게 해 주겠다"고 말이다. 하지만, 세상 욕심을 버리게 해달라고 기도하는 마당에 그깟 유혹에 넘어가서는 안 된다고 생각하고, 더욱 열심히 기도에 매진했단다. 그러자 마귀도 물러서지 않고 이렇게 속삭이더란다. "너 지금 내려가지 않으면 너한테 준다는 것 말이야, 네 가장 친한 친구에게 줘도 되지?" 그러자 곧바로 기도를 중단하더니 황급히 내려오더란 이야기다.

싫어하면서도 좋아하는 비교

서울대학교 이정전 교수가 쓴 『우리는 행복한가?』에는 하버드 대학 학생들을 대상으로 한 설문조사 이야기가 나온다. 설문 내용 중에는 이런 항목도 있었다고 한다.

① 당신의 월급은 400만 원, 다른 모든 사람의 월급은 800만 원.
② 당신의 월급은 200만 원, 다른 모든 사람의 월급은 100만 원.
두 가지 조건 중 하나를 선택하라.

이 질문에 학생의 70퍼센트 정도가 ②번을 택했다고 한다. 그러니까 상대적으로 적은 400만 원보다 상대적으로 많은 200만 원을 택한 것이다. 똑똑한 하버드대학 학생들이 비교 하위가 싫어 매월 200만 원이라는 경제적인 손해를 감수한 것이다. 자, 이건 뭘 말해주는가? 매월 200만 원을 손해 보면서까지 비교 상위를 택했다는 것은 뭘 말해주는가? 사람이 얼마나 비교에 민감한지를 말해준다.

예수님 주변에서도 그런 일이 있었다. 열두 제자 중 세베대의 아들인 야고보와 요한이 예수님께 다가와 부탁했다. "주님께서 영광을 받으실 때에 우리에게도 최고 영광의 자리를 주십시오. 하나는 주님 오른편에, 하나는 주님 왼편에 있게 해주십시오." 그러자 예수님은 "영광의 자리를 주는 것은 내 소관이 아니다"며 어이없어하셨고, 다른 제자들은 야고보와 요한에게 분통을 터트렸다.^막 10:35~45 제자들 사이에 높은 자리를 놓고 내부 갈등이 일어난 것이다. 두 아들의 비유는 더 놀랍다. 둘째 아들이 아버지 유산을 갖고 집을 나가 허랑방탕하다가 빈털터리가 되어 집에 돌아오자 아버지는 아들의 귀환을 기뻐하며 비단 옷을 입히고, 신발을 신기고, 반지를 끼워주고는 흥겨운 잔치를 벌였다. 그때 밭에서 하루 일을 끝내고 돌아오던 큰아들이 동생의 귀환을 축하하는 잔치가 벌어진 것을 알고는 매우 분노했다. '아버지 집에서 충성스럽게 일한 자기를 위해서는 잔치 한 번 열어주지 않았던 아버지가 어떻게 재산을 탕진하고 돌아온 놈을 위해 성대한 잔치를 베풀 수 있느냐?' 라며 화를 냈다.^{눅15:11-32} 그러고 보면 "사촌이 논을 사면 배가 아프다"는 옛말은 우리에게만 해당하는 이야기가 아닌 것 같다. 사람은 누구나 비교에 민감하고, 비교 하위를 죽기보다 싫어하니까 말이다.

사람은 또한 비교하기를 무척 좋아한다. 사람이든 물건이든 비교하지 않으면 재미가 없고, 비교하기 전까지는 호기심이 채워지지 않는 게 사람이다. 무엇이든 비교해봐야만 직성이 풀리는 게 사람이다. 사람들이 모이면 이 사람 저 사람을 안주 삼아 끝없이 입방아를 찧는 것도 비교하는 재미 때문이다. 인생살이도 온통 비교하는 것으로 구성되어 있다. 개인의 삶은 말할 것도 없고, 국가 간에도 비교와 경쟁을 빼면 남는 게 없을 정도다. 미스코리아 선발대회, 각종 영화제, 전국체전이나 월드컵을 비롯한 각종 스포츠 행사, 초등학교부터 시작되는 시험, 입사 면접, 물건 구매, 음식점 선택, 외모 등 인생의 모든 것은 비교하는 것으로 구성되어 있다. 정말 비교하는 재미보다 더 짜릿하고 신나는 것은 없다. 당신의 인생에서 비교하는 재미를 빼어보라. 아마 사는 맛이 나지 않을 것이다.

행복의 무덤

사실이다. 비교하는 것은 짜릿한 쾌감의 원천이요 인생살이의 백미다. 하지만, 비교는 결코 비교로 끝나는 법이 없다. 비교는 언제나 사람의 영혼과 삶을 짓밟는다. 평화와 기쁨을 앗아간다. 누구나 한 번쯤 자기보다 잘사는 집에 가본 경험이 있을 것이다. 그럴 때면 자연스럽게 내가 사는 집과 비교가 되면서 한편 부러운 생각이 들기도 하고, 한편 마음이 우울해지는 것을 경험했을 것이다. 나보다 똑똑한 사람이 옆에 있으면 내 존재가 작아 보이고, 나보다 잘 생긴 사람을 보면 갑자기 부모가 원망스러워지고, 입은 옷이 마음에 들었다가도 더 멋진 옷을 입은 사람을 보면 내가 입은 옷이 추레해 보이는 경험을 했을 것이다. 이건 다 비교가 만들어낸 삶의 흔들림이요 존재의 그늘이다. 나보다 못한 친구를 만나면 괜히 어

깨에 힘을 주고, 동료보다 한 걸음 앞서면 우쭐해지는 것도 비교에
서 비롯된 인생의 뒤틀린 쾌감일 뿐 진정한 행복은 아니다.

　비교는 결코 행복을 낳지 못한다. 비교는 진실로 기쁨의 죽음이
며 행복의 무덤이다. 그런데도 우리는 잠시도 비교하기를 멈추지
않는다. 마음으로는 간절히 행복을 원하면서도 습관처럼 행복의
무덤인 비교의 칼을 휘두르며 산다. 옷 입는 것을 보면 그렇게 하
지 않는다. 미스 코리아의 몸매가 아름답다고 해서 그 치수의 옷을
입는 사람은 없다. 다들 자기 몸에 맞는 치수의 옷을 입는다. 그런
데 옷보다 중요한 삶은 그렇게 살지 않는다. 자기 존재에 맞는 삶
을 선택하기보다는 사회에서 인정하는 성공이라는 의상에 자기 삶
을 맞추려고 안간힘을 쓴다. 사회에서 규정해 놓은 성공의 틀에다
가 자기 존재를 구겨 넣으려고 발버둥을 친다. 마치 비교 우위가
전부인 것처럼 자기 걸음을 걷지는 않고 이기기에만 전력투구한
다. 그래서 우리 삶은 대부분 '비교 우위'에서 비롯된 뒤틀린 쾌감
과 '비교 하위'에서 오는 쓰라린 패배감을 벗어나지 못하고 있다.

　이런 인생의 아픈 현실을 향해 법정 스님은 "자신의 존재를 있
는 그대로 받아들이지 못하면 불행해진다. 남과 비교하지 마라. 꽃
이나 새는 자기 자신을 남과 비교하지 않는다. 저마다 자기 특성을
마음껏 드러내면서 우주적인 조화를 이루고 있다. 남과 비교하지

않고 자기 자신의 삶에 충실할 때 그런 자기 자신과 함께 순수하게 존재할 수 있다. 진달래는 진달래답게 피면되고, 민들레는 민들레답게 피면된다. 이런 도리를 꽃에서 배우라"고 충고했다. 바울은 "헛된 영광을 구하여 서로 격동하고 서로 투기하지 말지니라"갈 5:25~26고 권고했다. 유진 피터슨은 이 말을 "마치 우리 가운데 누구는 더 낫고 누구는 모자라기라도 한 것처럼 비교하지 말아야 한다는 뜻입니다. 우리에게는 살면서 해야 할 훨씬 흥미로운 일들이 많습니다. 우리는 저마다 하나님의 독특한 작품입니다"라고 풀어 설명했다.

비교의 무덤에 묻히지 않으려면

비교는 실로 삶을 베는 예리한 칼이다. 삶의 기쁨을 영원히 묻어버리는 행복의 무덤이다. 그러기 때문에 행복한 삶을 위해서는 비교하지 말아야 한다. 하지만, 모든 사람은 비교하고, 비교당하며 살고 있다. 다들 비교당하는 것을 죽기보다 싫어하면서도 비교하며 사는 것은 여전하다. 비교당하는 게 싫어 자살하는 사람도 있고, 경쟁자와의 비교 우위를 위해 인생을 거는 사람도 있을 만큼 비교는 부패한 인간의 천성에 가깝다. 인간은 앞으로도 판단력이 마비되지 않는 한, 뇌에 이상이 생기지 않는 한 비교하는 행위를 멈추지 않을 것이다. 비교의 칼에 베인 상처로 아파하면서도 비교의 칼을 손에서 놓지 못할 것이다. 나의 지나온 삶을 보아도 그렇고, 모든 인간이 또한 그러하다고 생각한다. 때문에 비교하지 말라는 것은 올바른 답이긴 하지만 비현실적인 요청이라고 생각한다.

그러면 어떻게 해야 할까? 비교해서는 안 되는 줄 알면서도 비교하지 않을 수 없는 인간의 부패한 천성에 삶이 묻히지 않으려면 어떻게 해야 할까? 비교를 하면서도 비교에서 오는 낭패감과 열등감을 최소화하는 길, 비교의 칼에 베일지라도 삶을 휘청거리게 할 정도로 많은 피를 흘리지 않는 길은 무엇일까? 자기 존재의 위대함과 고유함에 눈을 뜨는 길밖에 없다고 생각한다. 너무 빤한 이야기인가? 물론 빤한 이야기이다. 그러나 이것이 비교의 무덤에 묻히지 않을 수 있는 대원칙이라고 생각한다.

잠시 생각해보자. 당신은 정말 대단한 존재이다. 당신은 하나님의 형상을 부여받았다. 당신 안에는 하나님과 소통할 수 있는 숭고함이 깃들어 있고, 모든 피조세계를 지도하고 돌볼 수 있는 탁월한 능력이 있다. 당신은 지금 주권자에 버금가는 자유의지를 행사하고 있다. 더욱이 하나님의 사랑도 듬뿍 받고 있다. 우리 모두는 이 정도의 존재로 지음 받았고, 이 정도의 대접을 받고 있다. 그것도 창조자에게.

이뿐 아니다. 모든 사람은 각각 고유하다. 사람마다 능력과 기질이 각각 다르다. 어떤 사람은 생각을 깊이 하고, 어떤 사람은 사람들을 즐겁게 하고, 어떤 사람은 그림을 잘 그리고, 어떤 사람은 축구를 잘하고, 어떤 사람은 묵묵히 맡은 일을 잘하고, 어떤 사람은 모험을 좋아한다. 사람마다 분위기가 다르고 향기가 다르다. 당신 또한 그 무엇으로도 대체할 수 없는 오직 하나인 당신이다. 이것은 누구도 부정할 수 없는 모든 사람의 근원적 진실이다. 모든 사람은 예외 없이 창조주의 형상을 입었고, 창조주의 사랑을 받고 있다. 그리고 잘났든 못났든 나 외에는 내가 있을 수 없다. 누구도 나를 대신할 수 없다. 그런 면에서 모든 사람은 다 위대하고 고유하다. 그렇다면, 그것으로 충분하지 않은가? 사람마다 능력과 외모와 기질에 차이가 있지만 그게 뭐 대수인가? 최고 통치자의 과분한 사랑을 받고 있는데? 넘치는 존재의 영광을 덧입고 있는데? 사실, 이 정도면 충분을 넘어 과분한 것 아닌가? 적어도 나는 그렇다고 생각한다. 그리고 이 지극한 상식에 눈뜨는 것이야말로 비교의 무덤에 묻히지 않을 수 있는 최선의 길이라고 생각한다.

물론 이 원칙에 눈을 뜨는 것만으로는 부족하다. 그것만으로는 비교의 칼에 베이지 않기가 어렵다. 사람이란 참 묘하다. 내가 아무리 위대한 존재요, 고유한 존재요, 분에 넘치는 사랑을 받고 있다 할지라도, 그리고 이 근원적 진실을 백 퍼센트 인식하고 받아들인다 할지라도, 여전히 극복하기 어려운 문제가 있다. 여전히 치유하기 어려운 상처가 있다. 바로 이것이다. 나도 위대한 존재이고 너도 위대한 존재인 건 맞는데, 또 나도 고유한 존재이고 너도 고유한 존재인 건 맞는데, 그런데 왜 너는 나보다 더 똑똑하고 잘났느냐는 것이다. 왜 너는 나보다 더 좋은 환경에서 태어났느냐는 것이다. 그것이 비록 상대적인 차이에 불과할지라도 살다 보면 그 작은 차이가 태산처럼 커 보이기도 하고, 그 작은 차이가 만들어내는 사회적인 차별이 큰 데서 오는 상처가 있지 않으냐는 것이다.

사실이다. 이것은 부정할 수 없는 삶의 현실이다. 자신이 원하든 원하지 않든 작은 차이가 빚어내는 벽과 사회적인 차별을 날마다 경험하며 살아야 하는 것이 우리네 삶의 현실이다. 필자도 종종 그런 자괴감에 휩싸여 우울할 때가 있다. 작은 차이 때문에 좌절의 늪에 빠져 흐느적거릴 때가 있다. 하물며 열악한 환경에 있는 사람들이야 말해 무엇 하겠는가? 작은 차이의 벽 앞에서 좌절하다가 종국에는 하나님과 세상을 원망하면서 낭패감과 열등감에 휘둘리지 않겠는가? 말 한마디에도 상처를 받는 것이 사람인데 상대적인 차이 때문에 어떻게 상처를 받지 않겠는가? 진실로 그렇다. 자기 존재의 위대함과 고유함에 눈 뜨는 것만으로는 극복하기 어려운 현실이 있는 게 사실이다.

현실적인 지혜

　그렇다면, 어떻게 해야 할까? 자기 존재의 위대함과 고유함이라는 대원칙이 있음에도 상대적인 차이에서 오는 상처와 아픔을 피할 수 없다면, 과연 어떻게 해야 그 상처와 아픔을 극복하고 치유할 수 있을까? 몇 가지 현실적이면서도 세밀한 지혜를 찾아보자.

　첫째, 상대적인 차이를 보면서도 이미 허락된 은총과 부요함에 더 집중하는 것이다. 앞서 말한 것처럼 눈앞의 현실을 비교의 눈으로 바라보면 상대적이라고 하기에는 너무 커다란 차이가 있는 게 사실이고, 또 그런 크고 작은 차이가 커다란 벽을 만드는 것도 사실이기 때문에 상대적인 차이를 가볍게 보아서는 안 된다. 하지만, 하나님이 베푸신 은총은 상대적인 차이보다 훨씬 더 풍요롭다. 비록 그 축복이 누구에게나 해당하는 공적인 은총이라 할지라도 내가 만들지 않은 땅에서, 내가 만들지 않은 나무와 꽃과 하늘을 바라보며, 내가 만들지 않은 물을 마시고 공기를 호흡하며 사는 건 사실이다. 깊이 헤아려보면 실로 과분한 능력과 자질과 사랑을 덧입은 것도 사실이고, 상대적인 차이와는 비교도 할 수 없는 어마어마한 축복과 사랑 속에서 사는 것도 사실이다.

　그렇다면, 관건은 시선이다. 상대적인 차이에 시선을 둘 것인지, 넘치는 공적인 축복에 시선을 둘 것인지가 관건이다. 상대적인 차이에 시선을 주면 비교의 칼에 큰 상처를 입을 것이고, 공적인 선물에 시선을 주면 비교의 칼에 쉬 베이지 않을 것이다. 그렇다. 어떤 시선을 선택하느냐에 따라 행복과 불행이 결정된다.

둘째, 하나님나라의 보화를 발견하는 것이다. 아들 녀석은 위장이 작은 것 같다. 한 번 배가 부르면 옆에서 아무리 권해도 더는 먹지 않는다. 아무리 맛있는 것을 앞에 갖다 놓아도 요지부동이다. 사람의 마음과 영혼도 그렇다고 생각한다. 하나님나라의 보화를 발견하고 그 기쁨으로 배가 부르면 다른 욕망에 눈짓하지 않을 수 있다고 생각한다. 상대적인 것들이 부족하다 하더라도 비교 하위라는 열등감에 빠지지 않을 수 있다고 생각한다. 이미 값진 것에 배가 불렀는데 상대적인 것들이 좀 부족한들 무슨 문제가 되겠는가? 이미 고귀한 아내를 얻었는데 혼수가 좀 부족한들 무슨 문제가 되겠는가?요즘은 꼭 그렇지도 않은 것 같지만… 필자가 하나님의 사랑을 깨닫고 나서도 그랬다. 하나님의 사랑과 친히 창조한 세계와 구원의 은총에 눈을 뜨고 나니 세상에 부러운 것이 없었다. 가진 것도 없고, 든든한 배경도 없었지만 어떤 고관대작도 부럽지 않았다. 그분에게 받은 은총과 사랑, 그리고 온갖 선물들을 바라보는 것만으로도 충분히 배가 불렀으니까 말이다.

셋째, 사람은 다 죄로 더럽혀진 존재이며 절대 완전하지 않다는 진실을 기억하는 것이다. 사람은 대단한 존재이긴 하나 완전하지는 않다. 사람은 어쩔 수 없는 죄인이다. 수많은 약점과 허물로 오염되어 있는 연약한 존재요 어리석은 존재다. 그런데 사람들은 대부분 이 냉엄한 진실을 쉽사리 잊는다. 그 냉엄한 진실을 잊고 작은 차이를 지나치게 크게 본다. 또 많이 배운 자들과 부자들은 나보다 훨씬 멋지고 행복하게 살 것이라고 생각한다. 나와는 다른 차원의 삶을 살 것이라는 환상을 갖고 있다. 사실은 그들도 나만큼이나 고민이 많고, 열등감과 수치스러운 것이 많고, 화려한 겉치레 속에 부끄럽고 사악한 것이 많고, 커다란 웃음 뒤에 깊은 한숨이 있는데, 사람들은 대부분 그 실체를 보지 못하고 화려한 외양과 그럴듯한 교양을 실체라고 착각한다. 바로 이런 환상과 착각 때문에 많은 이들이 비교의 칼에 베여 상처를 받는다.

만일 그들도 우리만큼이나 추악하고 더러운 죄인이며 유약한 인간일 뿐이라는 진실을 되씹는다면 어떻게 될까? 그들도 우리만큼이나 고민이 많고 헤쳐나가야 할 문제가 많다는 것을 헤아린다면 어떻게 될까? 아마도 그들의 사회적인 위상이나 화려하고 품격 있어 보이는 겉치레에 속지는 않을 것이다. 비교의 칼에 쉽게 베이지도 않을 것이다.

사실 사람의 차이라고 하는 것은 지극히 작은 것에 불과하다. 모든 사람에게 허락된 은총과 선물이 태평양의 물이라면 개개인의 능력과 소유와 지위의 차이는 고작 해야 물 한 방울에 불과하다. 대입 수능 시험의 일등과 꼴등의 차이, 삼성 이건희 회장의 재산과 내 재산의 차이, 대통령과 말단 공무원의 차이, 축구 선수 박지성과 국내 프로 구단 2군 선수의 차이는 말 그대로 '물 한 방울이 더 있느냐 없느냐'의 차이에 불과하다. 말이 너무 지나치다고 생각되는가? 그렇지 않다. 조금만 상상력을 발휘해보라. 조금만 멀리 눈길을 돌려보라. 당신은 틀림없이 당신에게 허락된 축복이 너무 많다는 사실 때문에 기절하게 될 것이다. 지금까지 커 보였던 상대적인 차이가 정말 상대적인 것에 불과하다는 것을 인정하게 될 것이다.

우리가 비교의 칼에 베이지 않기 위해서는 이와 같은 지극한 진실을 볼 수 있어야 한다. 존재의 위대함과 고유함, 그리고 받은 것의 부요함에 눈떠야 한다. 하나님의 사랑과 하나님나라의 보화에 눈떠야 한다. 그러기 전까지는 비교에서 비롯된 상처와 아픔, 좌절과 열등감을 극복할 수가 없다. 아무리 절세의 미인이요 시대의 영웅이라 해도 다르지 않다. 받은 것의 부요함에 눈뜨기 전까지는 그 누구도 비교의 칼에 베이지 않을 도리가 없다. 내 인생을 돌아보아도 창조주에게 받은 은총과 사랑과 축복들을 바라보고 있을 때에만 예외적으로 손에 비교의 칼이 없었다. 그리고 그 때에만 행복할 수 있었다.

진실로 그렇다. 비교의 칼을 내려놓을 수 있는 사람, 비교의 칼에 베이더라도 휘청거리지 않을 수 있는 사람만이 행복할 수 있다. 행복은 비교의 칼을 내려놓는 순간부터 열린다.

13

고통의 현실을 대면하라

사람은 누구나 고통은 최소화하고 즐거움은 최대화하기를 원한다. 이 땅에서는 비록 고통 없이 살 수 없다 해도 저 세상에서 만큼은 고통 없는 삶을 꿈꾼다. 그리고 고통 없는 삶을 위해 과학, 의학, 심리학, 정신분석학, 종교, 기술, 복지 등을 동원하고 발전시켜왔다. 그 결과 오늘에 이르러서는 상당한 성과를 일구어냈다. 적어도 의학적으로는 신체적인 고통을 몰아내는데 의미 있는 진전을 이루었다. 아무리 어렵고 큰 수술이라도 큰 고통 없이 수술하고 있고, 수술 이후에도 통증클리닉 덕분에 심각한 고통에 시달리는 일이 적어졌다. 정말 다행스럽고 감사한 일이 아닐 수 없다. 하지만, 생각해보아야 한다. 고통 없는 삶이 과연 지고선인지? 고통 없는 문명이 정말 이상적인지? 고통이 적어질수록 행복이 증가하는 것인지? 고통 없는 삶이 사람에게 유익한 것인지? 고통 없는 삶이 가능한 것이기는 한지?

물론 고통은 죄악의 결과요 누구도 원치 않는 삶의 혹이다. 하지만, 고통 없는 삶은 가능하지도 않거니와 유익하지도 않다. 일본의 모리오카 마사히로 교수는 과학과 기술을 통해 관리하고 통제하는 현대 문명을 일컬어 '무통문명'^{無痛文明}이라고 비판했다. 그는 사람들이 바라는 인생이 뜻밖의 사고를 당해 계획이 완전히 헝클어지지 않는 순조로운 인생, 소중한 사람을 도중에 잃는 일이 없는 인생, 복잡한 일이 닥치더라도 마지막은 해피엔딩이라고 좋아하며 가슴을 쓸어내릴 수 있는 인생, 착실히 저축하여 노후대책을 하고 예정된 일을 매일 하나씩 해 나가는 인생, 그리고 하고 싶은 일을 많이 하고, 갖고 싶은 것을 많이 갖고, 하기 싫은 일은 하지 않아도 되는 인생이라고 말하면서, 그 모든 것을 '신체의 욕망'이라고 일갈했다. 그리고 그런 '신체의 욕망'이 생명의 기쁨을 빼앗는다고 통렬하게 비판했다.

고통의 신비

몸의 고통을 생각해보자. 우리 몸이 아픔을 느낄 수 없다면 어떻게 될까? 정말 그렇게 될 수만 있다면 고통과 이별할 수 있으니 좋을까? 그렇지 않다. 그처럼 해롭고 위험한 일이 없다. 몸이 아픔을 자각하지 못한다면 아이들이 불을 무서워하지 않게 될 것이고, 그렇게 되면 수많은 아이들이 불에 델 것이다. 이런저런 사고로 인해 온몸이 상처투성이가 될 것이다. 수많은 병균에 노출되어 생명이 위협을 받게 될 것이다.

인도에서 선교사이자 의사로 일했던 폴 브랜드가 경험한 일이다. 한 번은 창고의 문을 열려고 하는데 녹슨 자물쇠가 말을 듣지 않아 낑낑대고 있었단다. 그때 영양실조에 걸린 10살짜리 아이가 웃으면서 '제가 해 볼게요, 의사 선생님!' 하면서 달려들더니 열쇠를 자물쇠에 집어넣고는 손으로 홱 비틀어 열더란다. 브랜드 박사는 나약한 어린 아이가 자기보다 더 큰 힘을 쓰는 것을 보면서 처음에는 놀랐다고 한다. 그런데 이내 곧 땅바닥에 핏방울이 떨어져 있는 것과 소년의 손가락이 찢어져 피가 흐르는 것을 보고는 그 힘의 비밀을 알았다고 한다. 그 소년은 손가락의 살갗은 물론이고, 피하 지방과 관절까지 드러날 정도로 상처를 입었음에도 아무런 통증을 느끼지 못했던 것이다.

선천성 무감각증을 앓는 여자 아이의 이야기는 더 충격적이다. 갓 돌을 지난 아이가 옆방에서 깔깔대며 좋아하는 소리를 내기에 재미있는 놀이라도 발견했나 싶어 가보았더니 글쎄, 아이가 자기 손가락을 물어뜯어서 흐르는 핏방울로 그림을 그리며 놀고 있더란다.

한센병은 손, 발, 코, 눈, 귀 등이 흉하게 일그러지고, 살이 썩고, 사지가 떨어져 나가는 것 때문에 천형天刑으로 취급받았던 질병이다. 폴 브랜드는 한센병 환자들을 돌보면서 '인공 통각 시스템'을 고안하는 연구를 했는데, 그 연구를 진행하면서 그는 고통을 지각할 수 있다는 것이 얼마나 놀라운 은총인지를 발견하고 이렇게 말했다. "육체적인 통증이야말로 하나님이 주신 은총입니다. 고통을 창조하신 하나님께 감사하십시오. 나는 하나님이 그보다 더 훌륭한 창조를 하실 수 있었다고는 생각지 않습니다." 참 역설이 아닐 수 없다.

고통과 삶의 문법

정신과 의사인 스캇 펙은 안락사에 관한 책 『영혼의 부정』에서 인간은 자신의 의지를 갖춘 의식적 존재로서 이 세상을 살아가지만, 이 세상은 우리가 바라는 대로 전개되지 않는 것이야말로 인간의 조건이라고 말하면서, 심리적 고통의 대부분은 질병이 아니라 인간의 조건에서 비롯되는 고유한 현상이라고 했다. 그러면서 우리의 의지가 외부 세상의 현실과 충돌할 때마다 겪을 수밖에 없는 고통을 '생존적 고통'이라고 명명했다. C. S. 루이스는 "자연 질서 및 자유의지와 맞물려 있는 고통을 배제한다는 것은 삶 그 자체를 배제하는 것과 같다"『고통의 문제』고 했다. 진실로 그렇다. 우리는 어떤 경우에도 '생존적 고통'을 피할 수 없다.

시인 신달자는 몇 년 전 『나는 마흔에 생의 걸음마를 배웠다』라는 자전적인 수필을 썼다. 그녀는 그 책에서 나이 35살에 남편이 고혈압으로 쓰러져 23일 동안 혼수상태로 사경을 헤매다가 기적적으로 깨어난 일, 그 후로도 24년 동안 병든 남편의 뒷바라지를 해야 했던 일, 또 그런 와중에 80살 된 홀시어머니가 쓰러져 9년 동안 병시중을 해야 했던 일 등 처절하고도 고단했던 삶의 이야기를 구토하듯 쏟아낸다. 그리고는 희수라는 제자에게 속삭이듯 말한다. "부부가 같이 사는 것이 얼마나 어려운 일인가를 아는 나이가 되었다. 그리고 살아야 하는 이유가 얼마나 많은지, 살지 못하는 이유가 얼마나 많은지 아는 나이가 되었다."라고. "결혼은 아무 것도 모르고 하는 것인지도 모른다. 너 말고도 많은 사람들이 결혼이 뭔지 모르고 하고, 나중에 알고 나서는 '으악!' 하는 것이 결혼인지도 모르지."라고. 비록 뒤늦은 발견이었지만 시인에게 삶이란 그런 것이었다. 알고 나서 '으악' 할 수밖에 없는 것이었다. 그런데 모진 삶의 격랑을 온몸으로 치르고 난 후 시인은 달관한 듯 말한다. "고통을 껴안고 살아라. 고통과 사랑을 하라. 고통을 잘라서 버릴 수 없다. 고통을 버리면 나도 버리는 것이다. 고통과 내 삶은 함께 버무려진 것이다."

러시아의 시인 알렉산드르 푸시킨은 삶의 실상을 이렇게 외쳤다.

삶이 그대를 속일지라도

노하거나 서러워하지 마라!

절망의 나날 참고 견디면

기쁨의 날 반드시 찾아오리라.

가슴은 미래에 살고

현재는 언제나 슬픈 법

모든 것은 한순간 사라지지만

가버린 것은 마음에 소중하리라.

삶이란 그런 것이다. 분노하거나 서러워할 수밖에 없으면서도 분노하거나 서러워해서는 안 되는 것이 바로 삶이다. 고통을 잘라 낼 수 없는 것이 바로 삶이다. 그런데 사람들은 대부분 이 진실을 충분히 인식하지 않은 채 인생이라는 거친 항해에 나서는 것 같다. 아니, 어쩌면 비현실적인 환상과 낭만적인 희망을 품을 수 있기에 인생이라는 거친 항해를 나서는지도 모른다. 삶의 실상을 충분히 알지 못하는 철없음과 무지가 오히려 출항의 용기가 되는지도 모른다. 적어도 나를 보면 그렇다. 내가 감히 한 여인과 가정을 꾸리고, 맨땅에서 개척 목회를 시작할 수 있었던 것은 철없음과 무지에서 비롯된 지나친 낙관의 힘 때문이었다고 생각된다. 남녀가 함께

산다는 것이 어떤 것인지, 사람도 없고 돈도 없이 목회를 시작한다
는 것이 얼마나 무모한 일인지를 몰랐기에 감히 도전할 수 있었다
고 생각된다. 하지만, 비현실적인 환상과 낭만적인 장밋빛 희망에
서 나오는 에너지만으로는 인생이라는 항해를 계속할 수 없다.

인생이라는 항해를 계속하려면 '진실'이라는 에너지가 꼭 필요
하다. 삶은 고통과 함께 버무려져 있다는 진실. 어떤 경우에도 '생
존적 고통'을 피할 수 없다는 진실.

평생을 은둔자로 살았던 중세의 신비주의자인 줄리언이 "우리
의 인생에는 행복과 불행이 멋지게 어우러져 있다"고 말한 대로 사
람에게는 행복과 고통, 두 가지가 모두 필요하다. 행복으로만 가득
한 인생이 참 멋질 것으로 보이지만 사실은 그렇지 않다. 행복으로
만 점철된 인생처럼 가벼운 것이 없고, 속된 것이 없다. 그녀는 또
이렇게 말했다. "신이 우리에게 고통을 준 것은 그것이 우리가 즐
거움을 느낄 수 있는 유일한 수단이기 때문이다. 신은 우리가 고통
을 느끼는 것을 원치 않지만, 불행을 알아야만 행복을 느낄 수 있
다는 것을 알고 있다. 신은 우리에게 즐거움을 주려면 고통을 허용
해야만 했다. 명심하라. 신神에게는 다른 방법이 없다." 아, 그렇
다. 우리의 삶은 두 가지 피할 수 없는 진실의 압력을 받고 있다.
가장 피하고 싶은 것이 고통이라는 진실과 고통 없는 삶은 인간에

게 유익하지 않을 뿐 아니라 해롭기까지 하다는 진실 사이에서 부대끼고 있다. 우리의 몸이 고통을 느끼지 못하는 것보다 더 위험하고 무서운 일이 없듯, 우리의 삶 또한 고통이 없는 것보다 더 해롭고 치명적인 일이 없다. 이것은 피할 수 없는 인생의 오류이며 운명이다.

　　얼마 전에 우리 곁을 떠난 『토지』의 작가 박경리는 말했다. 자기가 만일 행복했다면 소설을 쓰지 않았을 것이라고. 고생과 고난이 『토지』라는 거대한 작품을 쓸 수 있는 에너지를 불태우는 데 도움이 되었다고. 물론 고생과 고난 자체가 어떻게 행복일 수 있겠는가? 하지만, 고난과 고통이 토지라는 작품을 낳게 한 자산이 되었다는 작가의 고백은 체험적 진실이라고 생각된다. 작곡가 리하르트 바그너도 "진실로 행복한 인간이 어떻게 예술을 할 생각을 할 수 있는 지 의문이다"고 했고, 어니스트 헤밍웨이 또한 "한 작가의 가장 중요한 자산은 불행한 유년시절이다"고 했다. 『채근담』에도 이런 이야기가 나온다. "괴로움과 즐거움을 함께 연마하여 연마한 끝에 얻은 행복, 그 행복은 비로소 오래간다. 의문과 믿음을 서로 참작하여 참작한 끝에 이룬 지식, 그 지식이라야 비로소 참된 것이다." 참 옳은 말이다.

　　삶은 오류와 역리가 뒤섞인 오묘의 세계다. 합리를 뛰어넘는 신

묘의 세계다. 쾌락은 고통의 일시적인 유예에 불과할 뿐 허무의 수
렁에 빠져들게 하는 경우가 많고, 고통은 오히려 창조의 에너지와
자산이 되는 경우가 많으니까 말이다. 만족은 교만과 권태를 부르
는 데 비해 패배의 쓴 잔은 열등감이라는 동굴 속으로 몰아가기도
하지만 겸허함의 자리로 돌아가게도 하니까 말이다. 배고플수록
음식 맛이 좋고, 사막에서 마시는 물 한 컵과 집에서 마시는 물 한
컵의 맛은 비교도 할 수 없으니까 말이다.

어린 아이 같지 않으면?

어린 아이는 흔히 순진무구의 대명사로 불린다. 또 행복한 자의
표상으로도 오르내린다. 물론 아이라고 해서 마냥 행복한 것만은
아니겠지만 근심, 걱정, 공포, 연민, 미움, 질투 같은 것이 거의 없
다는 면에서, 또 철저하게 현재를 살고 있다는 면에서 아이는 어른
보다 즐겁고 행복한 것이 사실이다. 예수님께서 "너희가 돌이켜 어
린 아이들과 같이 되지 아니하면 결단코 천국에 들어가지 못하리
라"마18:3고 말씀하신 대로 성인은 대부분 어린 아이처럼 행복하기
가 어렵다. 내일에 대한 염려와 근심 없이 오늘을 살기도 어렵다.

그러나 어린 아이의 행복이 사람이 추구해야 할 행복의 참모습
일 수 있을까? 그럴 수는 없다. 어린 아이의 행복은 즉흥적이고 감
각적이다. 부모라는 피난처가 있기에 누리는 행복이다. 그런데 성

인이 어린 아이와 같은 행복을 고집한다면 어떻게 되겠는가? 인간이란 고난을 겪는 존재이고, 산다는 것은 곧 문제를 헤쳐 나가는 것인데, 어떻게 어린 아이와 같은 행복을 평생 누릴 수 있겠는가? 혹 자신은 어린 아이처럼 행복할 수 있을지 몰라도 누군가의 가슴에는 분명히 대못이 박힐 것이다. 정녕 그렇다. 평생 어린아이와 같은 행복을 구가한다는 것은 가능하지도 않거니와 바람직하지도 않다.

사람은 어른이 되어야 한다. '즉흥적이고 감각적인 행복을 넘어 삶의 신비와 은총의 깊이에서 우러나오는 행복의 세계로 나아가야 한다. 우리의 내면과 삶의 지평이 넓어지고 깊어져야만 읽어낼 수 있는 행복의 세계로 나아가야 한다. 그리고 그렇게 되려면 생존의 고통과 직면해야 한다. 얽히고설킨 삶의 그물망으로 들어가야 한다. 문제라고 하는 무거운 짐을 짊어지고 끙끙대야 하고, 갈등을 조율하는 힘겨운 과정을 회피하지 말아야 한다.

행복이라는 삶의 에너지는 고통이라는 연료를 태움으로써만 발생한다. 영국의 철학자요 저널리스트인 말콤 머거리지는 생의 말년에 "진정 내가 100퍼센트 진실하게 말할 수 있는 것은 이 세상에서 75평생을 살면서 배운 모든 것, 내 존재를 일깨우고 삶을 향상시켰던 모든 것은, 추구의 결과이든 도달점이었든, 그것은 행복을 통해서 얻은 것이 아니라 고통을 통해서 얻은 것이다…. 기술로 이 현세의 삶에서 고통을 제거하는 게 가능하다면 그 결과는 인생을 즐겁게 만드는 것이 아니라 너무나 진부하고 하찮게 만들어 도무지 견딜 수 없게 할 것이다."고 말했다. 성경의 시인은 고백했다. "고난당하기 전에는 내가 그릇 행하였더니 이제는 주의 말씀을 지키나이다…. 고난당한 것이 내게 유익이라. 이로 인하여 내가 주의 율례를 배우게 되었나이다."시119:67, 71 예수님도 애통하는 자가 복이 있다고 했다.마5:4 성경은 심지어 하나님의 아들이신 예수님까지도 받으신 고난으로 순종함을 배웠다고 했다.히5:8 옳다. 고난의 필요성은 예수님에게도 해당하는 삶의 진실이다.

사람의 삶이란 결핍에서 기인하는 고통과 만족에서 비롯되는 권태 사이를 쉼 없이 오가는 시계추와 같아서 고난과 고통이 없이는 영혼과 삶의 중심이 무너지게 되어 있다. 물론 고난과 고통은 누구도 원치 않는 손님이다. 하지만, 불쑥 찾아오는 그 손님은 매우 독특한 창조성을 통해 영혼과 삶을 영글게 한다.

시인 도종환은 '흔들리지 않고 피는 꽃이 어디 있느냐'고 읊었다.

이 세상 그 어떤 아름다운 꽃들도

다 흔들리면서 피었나니

흔들리면서 줄기를 곧게 세웠나니

흔들리지 않고 가는 사랑이 어디 있으랴

젖지 않고 피는 꽃이 어디 있으랴

세상 그 어떤 빛나는 꽃들도

다 젖으며 피었나니

바람과 비에 젖으며 꽃잎 따뜻하게 피웠나니

젖지 않고 가는 꽃이 어디 있으랴

참 놀라운 통찰이요 빛나는 언어의 연금술이다. 옳다. 행복은 고통 없는 삶에서 피어나는 꽃이 아니다. 행복이라는 꽃은 고통의 땅에서 눈물을 머금어야만 피어나는 한 떨기 소담한 꽃이다. 고통의 땅에서 눈물을 머금어보지 않은 꽃은 멋지고 화려하긴 하나 향기 없고, 생명 없는 조화造花일 뿐 꽃일 수 없다.

독일의 안셀름 그륀 신부는 빛과 어둠, 기쁨과 고통이 두루 있는 삶이야말로 정말 멋진 삶이라고 했다. 필립 얀시는 심지어 "고통 없는 세계는 지옥"이라고 했다. 물론 고통이 환영할 만한 것은 아니다. 고통은 환영해서도 안 되고, 환영할 수도 없다. 고통은 마땅히 치유되고 제거되어야 한다. 그러나 고통이라는 에너지가 없이는 행복이라는 삶의 꽃을 피울 수가 없다. 고통이 없이는 생명의 기쁨을 보존할 수가 없다. 매우 역설적이지만 사실이 그러하다. 그러므로 행복하기를 원하는 자는 고통을 새롭게 인식할 필요가 있다. 고통이 반갑지는 않으나 함께 가야 하는 삶의 동반자라는 것, 환영할 수도 없지만 미워해서도 안 되는 삶의 도반이라는 것으로 새롭게 인식할 필요가 있다. 그럴 때 고통을 두려워하지 않을 수 있고, 고통을 회피하려는 허망한 몸짓을 하지 않을 수 있다. 한 걸음 더 나아가 고통을 삶의 자산으로 삼을 수 있다. 그럴 때 우리는 더욱 깊고 그윽한 행복의 향기를 발할 수 있게 된다.

14

죽음과 삶의 역설을 기억하라

생명! 생명은 서술의 세계가 아니다. 인간의 이성과 과학으로 파악하고 지배할 수 있는 세계가 아니다. 생명은 시詩다. 생명은 신비다. 생명은 은총이다. 생명은 관계다. 모든 생명은 홀로 존재할 수 없다. 자기만으로는 살 수 없다. 모든 생명은 서로의 생명을 통해 산다. 생명은 본질적으로 얽힘이요 상호의존이요 흐름이다. '나'라는 존재도 어느 날 갑자기 하늘에서 뚝 떨어진 것이 아니다. 아주 오랜 과거로부터 현재에 이르기까지 헤아릴 수 없는 생명의 씨줄과 날줄이 얽히고설킴으로써 오늘의 내가 있는 것이다. 진실로 그렇다. 하나의 생명은 온 생명이고, 온 생명은 하나의 생명이다.

죽음과 생명의 진실

이처럼 생명을 시요, 신비요, 은총이요, 상호의존이라는 관계의 관점에서 보면 '죽음'이란 것도 새롭게 읽힌다. '죽음'이란 개체

생명의 멈춤이 아니라 온 생명으로부터의 분리라고. 하나의 생명
이 온 생명의 흐름에서 단절된 것이라고.

'악마'를 뜻하는 'devil'이란 단어의 어원을 따져보면 재미있는
사실을 발견할 수 있다. 이 단어는 본래 '떼어내다', '동강내다'라
는 뜻이 있는 그리스어 '디아볼레인' diabollein에서 왔다고 한다. 그
러니까 그리스 사람들은 악마의 본성을 복잡하게 얽힌 생명의 씨
줄과 날줄을 분리하고 해체하는 것으로 이해했다는 뜻이다. 그런
데 이것이 또한 죽음의 본질이다. 그렇다면, 악마의 본성과 죽음의
본질은 같다고 할 수 있다.

'깨어 있음'도 그렇다. 우리가 흔히 세상의 탁류에 휩쓸려 살지
않는 사람, 세상의 불의에 항거하는 사람을 가리켜 '의식이 깨어
있다'고 한다. 또 기도를 열심히 하는 사람을 가리켜 '영이 깨어
있다'고 한다. 하지만 '깨어 있음'은 단순히 기도하는 것을 넘어선
다. '깨어 있음'의 본질은 타인의 아픔과 처지에 참여하는 데 있
다. 다른 존재를 향해 열려 있고, 다른 존재의 깊이로 들어가는 것
에 '깨어 있음'의 본질이 있다. 다시 말하면, '깨어 있음'이란 자기
안에 갇히지 않은 상태, 세계를 인식하고 이해하기 위해 모든 감각
을 열어놓은 상태라고 할 수 있다. 온 생명에 참여하는 것이라고
할 수 있다. 반대로 '깨어 있지 않음'은 자기의 성 안에 굳게 갇혀
있는 상태, 타인이 들어올 여지가 없는 상태, 온 생명에 참여하지

않는 상태라고 할 수 있다.

이처럼 생명 현상은 흐름과 '깨어 있음'으로 나타나고, 죽음 현상은 단절과 깨어 있지 않음으로 나타난다. 생명 현상은 온 생명과 함께 함이요, 죽음 현상은 온 생명을 거부함이다. 생명 현상은 변화의 흐름이요, 죽음 현상은 붙박인 멈춤이다. 생명 현상은 베풂이요, 죽음 현상은 쌓음이다. 이것이 영원히 변할 수 없는 생명과 죽음의 진실이다.

죽음 현상에 몰두하는 삶의 모순

그런데 놀라운 사실은 생명과 죽음의 진실이 이처럼 명백히 다름에도, 사람들은 줄기차게 생명 현상을 거부하고 죽음 현상으로 내닫는다는 것이다. 다들 살려고 몸부림을 치고는 있는데 실제로는 죽음을 향해 달려가고 있다는 것이다. 이것은 어느 한 둘의 문제가 아니다. 거의 모든 사람이 이런 모순을 살고 있다. 너를 짓밟지 않으면 내가 살 수 없고, 너를 이겨야만 내가 웃는 참으로 이상한 삶을 살고 있다. 이런 우리네 삶을 보고 있노라면 마치 누가 더 훌륭하게 죽음 현상을 살아내는지를 겨루는 것처럼 보이기도 한다. 이 글을 쓰는 필자도 예외가 아니다. 살다 보면 어느 사이엔가 죽음 현상에 몰두하는 자신을 본다. 삶의 의욕이 넘치면 넘칠수록 오히려 죽음 현상으로 치닫는 어리석음도 본다. 바울도 에베소교회 성도들을 향해 "허물과 죄로 죽었던 너희"엡2:1라고 했다. 이 세상 풍조와 공중의 권세 잡은 자를 따르며 육체의 욕심을 따라 살았던 저들을 가리켜 '죽었던 자들', 즉 '죽음을 사는 자들'이라고 했다.

하나님은 지루하고 단조로운 삶을 주신 적이 없다. 하나님이 주신 세계는 끝없이 변화하고 성장하며 새롭게 펼쳐지는 경이의 세계다. 새롭게 발견하고 이해해야 할 것들로 가득한 진리의 세계다. 신비와 다채로움으로 가득한 풍요의 세계다. 한없이 깊고 오묘한 심오의 세계다. 그래서 인생의 산은 결코 정복되는 법이 없다. 그런데 우리가 사는 삶의 지평은 너무 좁다. 한없이 지루하고 단조로울 정도로 쓸쓸하다. 누추하고 천박하다. 각종 오락, 게임, 스포츠, 문화 활동 등의 심심풀이로 삶의 지루함과 단조로움을 해갈하려고만 할 뿐 삶의 깊이와 진리의 풍요로움에는 도대체 관심이 없다.

창조주께서는 하나의 생명을 위해 온 생명을 창조하셨는데, 우리는 나 하나를 위해 온 생명을 도구화하고 있다. 창조주께서는 다채롭고 변화무쌍한 세계를 광대하게 펼쳐놓으셨는데, 우리는 손안에 있는 것만 바라보며 눈곱만한 성취에 도취한다. 창조주께서는 기묘와 신비로 가득한 세계를 만드셨는데, 우리는 어린 시절에만 호기심의 복된 삶을 살뿐 이내 곧 먹고 쌓는 일에만 코를 박고 산다. 도시의 미학에 갇혀 살고, 아파트의 편안함에 갇혀 살고, 자동차의 편리함에 갇혀 산다. '죽임'과 '죽음'을 살기에 바쁘다.

　삶이란 본래 무엇으로 장식해야 하는 게 아니다. 태초에 창조주께서 피조세계를 보시며 '보시기에 좋았더라'고 하신 것처럼, 삶이란 그 자체로서 충분히 멋지고 아름답고 부족함이 없는 위대한 선물이다. 그런데 우리는 자꾸만 삶을 성취해보겠다며, 무언가를 가지고 삶을 멋지게 장식해 보겠다며 기염을 토하고 있다. 왜일까? 왜 살기 위해 죽음살기로 치닫는 것일까? 왜 삶에의 의욕이 죽임을 부추기는 것일까? 아마도 죽음 현상에 몰두하는 것이 삶이 되어버린 오래된 상식과 관행 때문일 게다. 나눔과 흐름과 얽힘을 도덕적 가치로가 아니라 생명의 지극한 작용으로 볼 수 있는 눈을 뜨지 못해서일 게다. 삶이란 고지를 선점하거나 목적을 성취하는 것 이상임을 알지 못해서일 게다. 지나치게 비교와 경쟁에 휘둘려서일 게다. 지나치게 생활에만 몰입해서일 게다.

죽음 현상을 넘어서고자 🦋

　그렇다면, 진정한 생명과 삶의 길은 무엇일까? 그것은 매우 역설적이게도 '죽는 것'이다. 나는 2009년 5월에 간 이식을 했다. 간염으로 10년, 간경화로 5년 넘게 투병하다가 결국 아들의 간을 이

식받고서야 삶으로 돌아올 수 있었다.

수술실에 들어가 마취를 하고 10시간의 깊은 잠에서 깨어났을 때가 생각난다. 사람들이 웅성거리는 소리가 아련하게 들렸다. 의식도 희미하기 이를 데 없었다. 그런데 어렴풋이 수술실에 들어갔었다는 사실이 기억났다. 그러면서 '아하, 수술이 끝난 거구나' 라는 생각이 스쳤다. 곧이어 '내가 수술 중에 죽은 것은 아닌가보구나' 라는 생각이 스쳤다. 조금 있으니 아내의 소리가 들렸다. 수술이 잘됐다는 소리, 아들도 수술이 잘되어 병실로 들어왔다는 소리가 들렸다. 순간, 감사했다. 한없이 감사했다. 눈에는 절로 눈물이 맺혔다. 그리고 마음은 소리 없이 외쳤다. '아! 살았구나! 살았구나! 하나님, 감사합니다!' 비록 인식은 희미했고 '살아있음' 에 대한 의식도 실낱같았지만, 살아있다는 사실이 기적처럼 반가웠다. 몸에는 수십 개의 주사액이 흘러들어 가고 있고, 목에는 인공호흡을 위해 굵은 관이 들어 있고, 코에도 호스가 연결되어 있고, 몸은 콘크리트처럼 무겁고 움직일 수도 없었지만 '살아있다' 는 사실 앞에선 어떤 것도 문제가 되지 않았다. 단지 살아있다는 것 자체로 환희였다. 살아있음의 환희를 억누를 수 있는 것은 아무것도 없었다. 오직 살아있다는 사실과 '살아있음' 에 대한 환희만이 내 의식과 감각을 지배하는 전부였다.

물론 나는 죽음을 보지 않았다. 죽음의 턱밑까지 갔다 왔을 뿐 죽음을 경험한 것은 아니다. 그런데 죽음의 턱밑까지 가보자 죽음보다 더 또렷한 것이 보였다. 바로 생명과 삶이었다. 죽음 앞에 서 보니 생명 외에는 보이는 게 없었다. 세상 모든 것이 먼지와 같았다. 성공도, 돈도, 큰 집도, 명예도, 권세도 눈에 들어오지 않았다. 눈에 들어오는 건 오직 생명, 존재만으로도 충분한 생명이었다. 그리고 가족과 함께 하는 지극히 작은 삶이었다. 그저 바라볼 수만 있어도 충분한 소자의 삶이었다. 그랬다. 턱밑에 와있는 죽음을 보고서야 그때까지 보지 못했던 생명과 삶의 민얼굴이 보였다. 세상에서 생명과 삶보다 더 위대하고 값진 것이 없다는 진실이 보였다.

사형수와 신부의 역설 ✤

알베르 까뮈의 유명한 소설 『이방인』은 삶에 대한 분노와 절망을 이기지 못해 애꿎은 사람을 총으로 쏘아 죽인 사람의 이야기이다. 이 사람은 사형을 선고받고 죽음을 기다리고 있었다. 그러던 어느 날 독방 침대에 아무 생각 없이 누워 있다가 천장에 뚫린 창을 통해 들어오는 가느다란 햇빛을 보게 되었다. 그리고 그 빛 너머로 푸른 하늘을 보았다. 그런데 그의 눈에 들어 온 하늘은 마치 난생처음 보는 것처럼 아름다웠다. 그동안 수없이 하늘을 보았건만 하늘이 하늘로 보인 것은 그날이 처음이었다. 그 후 주인공의 내면에는 분노와 절망이 사라지고, 예전에 경험하지 못한 환희가 밀려오기 시작했다. 모든 사물 하나하나가 새롭게 보이기 시작했다. 시간이 되면 정확하게 들어오는 세끼 밥도 그냥 밥이 아니었다. 밥을 먹을 때마다 감사의 마음과 감격이 북받쳐 올랐다. 그렇게 하루하루를 보내는 가운데 드디어 사형 집행일이 다가왔다. 관례대로 한 신부가 최후의 미사를 인도하는데, 사형수는 이상하게도 미사를 집전하는 신부에게서 사물에 대한 어떤 자각이나, 순간을 깊이 바라보며 사는 삶의 흔적을 발견하기가 어려웠다. 미사를 드리고 돌아가는 신부를 보면서 사형수는 신부야말로 죽은 사람처럼 살고 있다는 생각을 지울 수가 없었다. 잠시 후면 사형대의 이슬로 사라질 자신이 죽은 것이 아니고, 자신의 죽음을 위해 성사를 드리는 신부가 오히려 죽은 것이라는 생각이 들었다.

참 어처구니없는 역설이 아닐 수 없다. 죽음이 코앞인 사형수는 순간을 깊이 자각하며 진정한 삶을 호흡하고 있는데, 관례대로 미사를 집전하는 신부는 오히려 죽음을 호흡하고 있으니 말이다. 그런데 이건 소설만의 이야기가 아니다. 냉엄한 우리네 현실이다. 죽음을 보지 않는 자는 죽음 현상으로 내달리고, 죽음을 보는 자는 생명 현상을 좇는다. 죽음을 직시하지 않는 자는 생활에만 집중하다가 욕망의 덫에 걸려 죽음을 사느라 허덕이지만, 죽음을 직시하는 자는 온 생명을 거부하고 단절하는 죽음 현상의 허망함, 나누지 않고 쌓기만 하는 죽음 현상의 헛됨을 알기에 죽음 현상에 매몰되지 않는다. 이것이 죽음과 삶의 신비한 역설이다.

그렇다. 우리네 인생살이가 여전히 죽음 살기에 바쁘고, 죽임에 열심인 것도 다른 이유 때문이 아니다. 죽음을 직시하지 않기 때문이다. 죽음을 보아야 온 생명을 거부하고 단절하는 죽음 현상, 나누지 않고 쌓기만 하는 죽음 현상의 헛됨을 알고 죽음 현상에 매몰되지 않을 수 있는데, 죽음을 보지 않고 살기에만 집중하기 때문에 생명을 살지 못하고 죽음을 사는 것이다.

자고로 진리는 역설이다. 인생 또한 역설이다. 세상과 인생의 작음을 보아야 세상과 인생의 위대함이 보이고, 세상과 인생의 덧없음을 알아야 세상과 인생의 소중함에 눈이 뜨이니 말이다. 작음을 통해 위대함을 보고, 덧없음을 통해 소중함을 보아야 진정으로 항상 기뻐할 수 있고, 모든 일에 감사할 수 있으니 말이다. 나도 죽음이라는 생명의 경계선에 서고서야 인생이 한없이 작다는 것을 알았다. 성공, 돈, 큰 집, 명예, 권세가 한 줌에 불과하다는 것을 뼛속 깊이 깨달았다. 그리고 이 진실을 깨닫고 나서야 가족과 함께 하는 지극히 작은 삶, 그저 바라볼 수만 있어도 충분한 소자의 삶, 존재만으로도 충분한 생명이 사실은 세상에서 가장 위대하고 귀한 것임을 알았다. 진실로 그렇다. 죽음은 단지 죽음이 아니다. 죽음은 생명을 보는 창이요, 삶을 보여주는 거울이다. 육체적인 죽음 이전에 '죽음' 을 보는 것처럼 소중하고 값진 삶의 자산, 행복의 자산은 없다. 죽음은 삶으로 회귀하는 반환점이다.

제3부

행복한 삶을 위한 뜨거운 논쟁

15 돈과 행복

　　　　　행복은 삶의 모든 것과 깊이 연루되어 있다. 생각, 마음, 가족, 인간관계, 일, 취미, 음식, 예술, 스포츠, 노래, 독서, 친구 등이 다 행복과 불행에 커다란 영향을 미친다. 하지만, 이것들을 다 검토할 수는 없다. 필자는 오직 네 가지 문제에 대해서만 살펴보려 한다. 오늘 우리 삶의 대부분을 차지하는 문제, 오해와 편견이 심하게 덧칠된 문제, 행복한 삶을 심각하게 위협하는 문제를 추적해보려 한다. 바로 돈과 행복, 성공과 행복, 신앙과 행복, 문명과 행복에 대해서다. 사실 하나하나가 다 묵직한 주제이다. 그러나 소시민적 차원에서 매우 소박하게 하지만, 솔직하고 진지하게 얘기해보려 한다.

　돈과 행복에 대한 것부터 살펴보자. 돈은 생활의 밥이요 숨이다. 돈은 누가 뭐라 해도 가장 현실적인 관심사다. 돈이 인생 전부는 아니지만 인생의 중요한 부분이라는 것은 누구도 부정할 수 없다. 형제간의 다툼이나 부부의 이혼, 오랜 친구의 배신, 강도와 살인 같은 끔찍한 범죄가 돈 때문에 발생하는 경우가 많고, 경제적인 어려움 때문에 일가족이 자살하는 일까지도 벌어질 만큼 돈은 생활의 중대사임이 틀림없다. 특별히 오늘의 도시생활은 하나에서 열까지 돈으로 굴러간다. 돈 없이는 한 끼니의 밥도 먹을 수 없고, 물 한 잔도 마실 수 없다. 전기도 사용할 수 없고, 일하러 갈 수조차 없다. 돈 없이는 아예 생존 자체가 불가능하다. 교회가 이윤을 추구하는 기관도 아니고 돈으로 운영하는 기관도 아니지만, 그런 교회조차도 돈이 없으면 운영이 안 된다. '돈을 사랑하는 것이 일만 가지 악의 뿌리'라고 설교하는 목사도 주머니에 돈이 없으면 어깨에 힘이 빠진다. 프랑스의 철학자 베르트랑 베르줄리는 "돈 문제가 아무리 치명적인 걱정거리가 아니라고 우겨도, 살다 보면 그 때문에 삶이 갉아 먹히기 마련이며, 갉아 먹히다 보면 돈 문제가 무시할 수 없는 상처로 곪아 타지는 법이다"『행복생각』라고 말했다. 사실이다. 돈의 현실적 필요를 외면하고 부정하는 것은, 마치 눈을 가리고서 세상이 없다고 말하는 것만큼이나 우스운 일이다.

돈의 시작과 돈의 속성

사실 돈의 시작은 매우 단순했다. 물건과 물건을 직접 교환하는 불편을 덜려고 등장한 것이 돈이다. 돈은 말 그대로 '교환의 도구'

로 등장했다. 그런데 교환의 기회가 점차 빈번해지고 영역이 확대되면서, 처음에는 별것 아니었던 돈의 교환 기능이 점차 구매력으로 발전하게 되었고, 산업혁명으로 대량생산이 가능해지고 도시로의 인구 유입이 급증하면서, 돈이 가진 구매력은 더욱 빛을 발하기 시작했다. 20세기에 들어오면서부터는 아예 돈으로 살 수 없는 것이 없을 정도로 구매력의 범위가 무한대로 확장되었다. 이제는 단순한 상품 구매를 넘어 명예, 지위, 품위, 아름다움, 쾌락까지도 구매할 수 있게 되었다. 심지어 사랑과 예술까지도 구매하는 괴력을 발휘하고 있다. 이 시대의 모든 것은 돈에 의해 거래되는 상품이 되었다. 문학, 음악, 정치, 예술, 심지어 종교까지도 돈 앞에 머리 숙이는 상품이 되었다. 사람 또한 예외가 아니다. 사람도 이미 상품이 되었다.

한 걸음 더 나아가 돈은 이제 모든 것을 평가하는 잣대가 되었다. 상품의 가치는 말할 것도 없고, 예술이나 문학의 가치도 얼마나 많이 팔렸느냐에 의해, 얼마짜리냐에 의해 평가될 만큼 돈은 모든 것의 척도가 되었다. 심지어 사람의 능력이나 가치까지도 그 사람의 수입으로 평가되는 지경이니 무슨 말이 더 필요하겠는가. 돈은 지금 사람들이 원하는 모든 것을 손에 넣을 수 있는 최고의 신神, 전능의 신이 되었다. 사람의 불편을 덜고자 발명된 돈이 언제부터인지 사람을 부리고 있다.

과연 이래도 될까? 돈이 만물의 척도가 되어도 좋은 것일까? 돈이란 무엇일까? 돈이 무엇이기에 세상 모든 것을 손아귀에 넣고 좌지우지하는 것일까? 도대체 돈이 무엇이기에 사람들이 돈 앞에서 쩔쩔매는 것일까?

우선 돈의 실체부터 들여다보자. 돈에는 적어도 세 가지의 기본 실체가 있다.

첫째, 돈은 단지 '화폐' money가 아니라 사람들의 숭배를 받는 '맘몬' mammon이다. 사람이 맘대로 다룰 수 있는 객체가 아니라 사람의 숭배를 받는 신이요 사람에게 권세를 행사하는 주체, 즉 정사와 권세이다. 예수님은 이미 오래전에 돈의 그러한 속성을 꿰뚫어보셨다. 돈은 단지 돈이 아님을 아셨다. 그래서 하나님과 재물을 mammon 겸하여 섬길 수 없다고 말씀하셨다. 눅16:13 프랑스의 법철학자요 신학자인 자끄 엘륄은 사람들이 합의하여 돈을 만들어냈지만, 돈은 점차 스스로 움직이는 자율성과 돈 고유의 법칙을 사람들에게 강제할 정도의 힘을 갖게 되었으며, 그 결과 돈이 사람의 결정을 따르는 것이 아니라 사람이 돈의 결정을 따르게 되었다고 말했다. 그렇다. 돈은 하나님의 자리를 꿰차고 있다. 부자들이 마음속으로 "내 영혼아, 여러 해 동안 쓰기에 넉넉한 좋은 물건들을 많이 쌓아두었으니 너는 안심하고 먹고 마시고 즐기라" 눅12:19고 속삭인 것을 보라. 지혜의 사람 솔로몬이 "저를 가난하게도 부유하게도 하지 마시고, 오직 저에게 필요한 양식만을 주십시오. 제가 배가 불러서 주님을 부인하면서 '주가 누구냐' 고 말하지 않게 하시고, 제가 가난해서 도둑질하거나 하나님의 이름을 욕되게 하거나 하지 않도록 하여 주십시오"잠30:8~9라고 기도했음에도, 결국 부유함의 유혹에 넘어갔던 것을 보라. 돈은 맘몬이요 정사와 권세인 것이 분명하다.

둘째, 돈은 거래다. 돈이란 교환거래을 위해 태어났기 때문에 거래를 떠나서는 존재할 수가 없다. 주고받는give-and-take 거래야말로 돈의 유용성이자 돈의 정신spirit이며 돈의 질서다. 거래와 돈은 하나다. 그런데 이런 거래의 정신과 질서는 거저 주는 하나님의 은총의 질서와 정면으로 배치된다. 거래의 정신으로는 하나님의 세계, 말씀의 세계, 은총의 세계를 볼 수도 없고 참여할 수도 없다.

셋째, 돈은 탐욕의 표현인 소유와 직결되어 있다. 바울이 사랑하는 디모데에게 보낸 편지에서 "돈을 사랑하는 것이 모든 악의 뿌리입니다. 돈을 좇다가 믿음에서 떠나 헤매기도 하고, 많은 고통을 겪기도 한 사람이 더러 있습니다"딤전6:10라고 말한 것처럼 탐욕은 돈을 사랑하는 것과 하나이며, 돈을 사랑하는 탐욕이야말로 존재와 삶을 소외시키고 관계를 파괴하는 주범이다. 사회심리학자 에리히 프롬은 '소유의 양식'과 '존재의 양식'은 근본적으로 다르다고 말했다. 같은 배움이라도 소유의 양식은 많이 아는 것을 추구하는 반면, 존재의 양식은 깊이 아는 것을 추구한다. 소유의 양식은 정보를 중시하는 반면, 존재의 양식은 지혜를 중시한다. 신앙도 소유의 양식은 남들이 이미 만들어놓은 도식적 틀로 구성되어 있고 확신을 추구하며 신의 사랑을 차지하려는 욕구가 작동하지만, 존재의 양식은 종교의 틀에 안주하지 않고 단지 신의 은총에 참여하는 것에 만족한다. 이처럼 '소유의 양식'과 '존재의 양식'은 다르다.

그런데 인간의 소유에 대한 욕망은 끝이 없다. 사랑하는 사람을 소유하지 않고는 견디지 못하는 것이나, 창조자이시며 주권자이신 하나님까지도 우상으로 만들어 손아귀에 넣고 다니는 것에서 확인할 수 있듯이 소유하고자 하는 인간의 욕망은 절대 치유되지 않는 고질병이다. 돈이 문제가 되는 것은 돈 때문이 아니다. 인간의 고질병인 탐심과 소유에의 욕망이 돈과 직결되어 있기 때문이다.

다시 말하지만, 돈은 객체가 아니다. 돈은 맘몬으로서 정사와 권세이고, 주고받는 과정에서 파생되는 이익과 연결되어 있으며, 인간의 끝없는 소유 욕망에 뿌리를 둔 악의 체계다. 하나님이 창조하신 세계의 질서와 정면으로 배치되는 악의 질서다. 예수님 말씀대로 돈은 '맘몬'이다. 물론 돈이 악의 화신이기만 한 것은 아니다. 돈은 삶을 풍요롭게 하기도 하고, 생활에 자유를 제공하기도 하고, 죽어가는 생명을 살리기도 하고, 행복을 북돋기도 한다. 하지만, 그렇다고 해서 돈의 실체, 돈의 근본 속성이 바뀌는 것은 아니다.

돈과 행복의 진실 🦋

그런데 사람들은 대체로 돈의 실체, 돈이 가진 치명적인 위험성을 보지 못하고 있다. 아니, 애써 돈의 어두운 면을 보지 않으려 한다. 오직 돈의 전능성에만 열광한다. 소비 전성시대인 지금, 사람들은 돈만 있으면 원하는 모든 것을 손에 넣을 수 있다는 환상에 젖어 있다. 돈만 있으면 집은 물론 아내와 행복도 손에 넣을 수 있고, 사회적인 품위와 명예도 얻을 수 있고, 권력까지도 살 수 있다는 환상에 빠져 있다. 자본주의의 총아寵兒인 기업이 사람들의 눈과 귀와 뇌를 향해 '돈이면 당신이 원하는 모든 것을 구매할 수 있고, 당신이 원하는 것을 구매하면 행복할 수 있다'는 광고를 쉼 없이 쏟아 붓고 있기 때문에, 사람들은 자신도 의식하지 못하는 사이에 그런 가치관에 젖어 살고 있다. 소비가 곧 행복의 첩경이라는 치명적인 유혹에 길들어 있다.

우리는 자본주의가 말하지 않는 돈의 이면도 볼 수 있어야 한
다. 돈이 삶을 세우기도 하지만 삶을 파괴하기도 하는 현실, 부모
의 유산을 놓고 형제간에 싸움하다가 불행에 빠지는 현실을 보아
야 한다. 가난한 사람이 부자보다 더 행복한 경우도 많고, 가난할
때는 행복했던 부부가 부자가 되고 나서 오히려 불행해진 현실을
보아야 한다. 로또에 당첨된 사람들의 90퍼센트 이상이 당첨된 이
후 자살하거나 정신병자가 되거나 알코올중독자가 되거나 이혼했
다는 통계적 진실도 가볍게 넘기지 말아야 한다. 그런데 우리는 애
써 보지 않으려 한다. 애써 외면해야만 맘껏 돈의 환상을 좇을 수
있을 테니까 말이다. 사실이다. 자본주의 사회가 손짓하는 소비의
즐거움에 흠뻑 취한 사람들은 돈의 한계와 치명적인 약점을 보지
못한 채 돈의 환상을 좇고 있다.

환상의 실상을 들여다보자. 미국의 사회심리학자인 데이비드
마이어스 교수가 1960년대와 1990년대 중반 미국의 사회변화를
비교 연구한 바로는, 30여 년 사이에 1인당 국민소득은 두 배 이상
늘어난 반면 이혼율은 2배, 10대 자살률은 3배, 공식적으로 기록
된 폭력 범죄는 4배, 감옥에 갇혀 있는 죄수의 수는 5배, 미혼모가
낳은 신생아의 비율은 6배, 동거부부는 7배, 우울증은 2차 세계대
전 이전보다 무려 10배가 늘었다고 한다.『우리는 행복한가』

18년째 행복을 연구하는 긍정심리학자 소냐 류보머스키는 여러 연구 결과들을 보고하고 있다. 연봉이 3만 달러 미만인 사람은 5만 달러를 벌면 감격할 것이라고 주장했지만, 10만 달러 이상을 버는 사람은 25만 달러는 벌어야 만족할 수 있다고 대답했다. 792명의 부자를 대상으로 벌인 연구에서는 50퍼센트 이상이 '부가 더 큰 행복을 가져다주지 못한다' 고 응답했고, 1천만 달러 이상의 재산을 가진 부자 중 3분의 1은 '돈이 문제를 해결해주기보다는 더 많은 문제를 일으켰다' 고 응답했다. 이것은 이론이 아니다. 부자들의 실제 생활을 조사한 통계적 진실이다.『행복도 연습이 필요하다』

미시건 대학교의 정치학 교수인 잉글하트는 나라별 소득수준과 행복지수의 관계를 연구한 결과들을 바탕으로 '경제효용체감 곡선' 이라는 표를 만들었다.

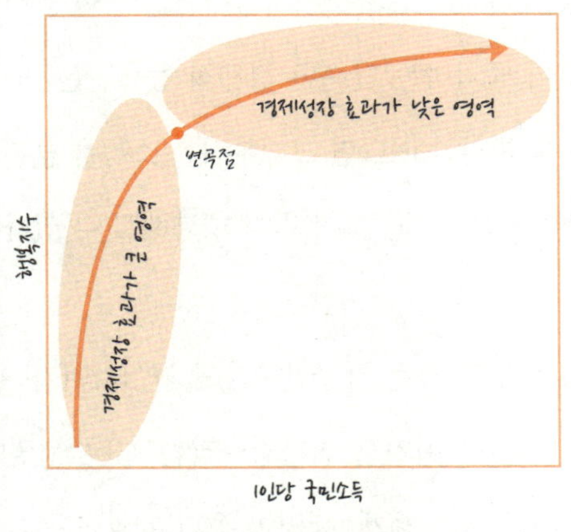

〈표〉 경제성장의 효용체감

이 표에서 보는 것처럼 소득 수준이 높아짐에 따라 처음에는 행복지수가 급속히 상승한다. 기울기가 가파른 부분에 속한 나라는 소득 증대와 국민의 행복지수가 정비례하기 때문에 그런 나라는 국민의 행복증진을 위해 소득을 높일 필요가 있다. 하지만, 소득 수준이 어느 정도를 넘어서면, 그때부터는 소득이 증대되어도 행복지수가 별로 높아지지 않는 걸 확인할 수 있다. 기울기가 완만하게 바뀌는 '변곡점' 變曲點을 지나면 소득 수준이 높아지더라도 행복지수에는 큰 변화가 없다. 잉글하트의 이 곡선은 개인적 차원에서도 소득과 행복의 관계를 설득력 있게 보여준다. 그간의 연구를 종합해보면 대략 1만 달러에서 1만 5천 달러가 변곡점에 해당한다고 한다.

이 사실은 우리에게 몇 가지 진실을 말해준다. 소득만으로는 행복 증진에 한계가 있다는 진실. 사람이란 소득이 높아진다고 해서 행복도 한없이 증가하는 단순한 경제적 동물만은 아니라는 진실. 일단 변곡점을 통과하고 나면 그때부터는 소득을 늘리기보다는 사고방식과 생활방식을 바꾸어야만 더 행복해질 수 있다는 진실.

예수님께서도 "부자는 하나님나라에 들어가기가 어렵다"고 말씀하셨다. 눅19:23~24 여기서 하나님나라는 모든 생명이 하나님의 창조질서에 따라 사는 세계, 생명이 꽃피고 삶이 폭발하는 새로운 사회를 의미한다. 어떤 것에도 삶이 갉아 먹히지 않는 사회, 진리가 충만한 사회를 의미한다. 그런데 부자들은 그런 나라에 들어가기가 어렵단다. 달리 말하면, 돈이 삶을 풍성하게 하기보다는 오히려 삶을 소외시킨다는 것이다. 어떤 부자 청년의 이야기도 마찬가지다. 부자 청년이 영생을 찾아 예수님께 나아왔다가 "네 재산을 다 팔아 가난한 자들에게 나눠 주라. 그리하면 하늘에서 보화가 네게 있으리라"는 예수님의 말씀을 듣고는 심히 근심하며 돌아갔다. 눅18:18~23 이 이야기도 돈이 삶을 길어 올리기보다는 걸림돌이 된다는 것을 말하고 있다.

자본주의가 말하지 않는 돈의 이면을 하나만 더 살펴보자. '행복'이라는 문제는 20세기 말부터 사람들의 관심사가 되었을 뿐만 아니라 학문의 이슈가 되었다. 미국의 심리학 연구 논문 목록을 보면 '행복', '삶의 만족', '웰빙'에 관한 논문 숫자가 1979년에 150편이었던 것이 1989년에는 780편으로 늘었다고 한다. 하버드대학에서는 '행복학'이 학생들에게 가장 주목받는 강의라고 한다. 지금도 행복에 대한 책들은 꾸준히 출판되고 있고, 또 많은 사람이 읽고 있다. 필자도 여기에 가세하고 있다. 이 시대는 가히 '행복학' 전성시대다.

그렇다면, 왜일까? 왜 행복학이 새로운 이슈로 주목받는 것일까? 먹고 살만해지니까 행복타령을 하는 사람들이 많아서일까? 아니면 불행한 사람들이 많아서일까? 아니다. 사람들의 기대가 무너졌기 때문이다. 사람들은 지금까지 소득이 높아지면 행복지수도 높아질 거라고 기대했다. 그리고 더 행복하기 위해 소득을 늘리기에 힘써왔다. 그런데 막상 소득이 올라가고 보니 기대했던 것만큼 행복지수가 높아지지 않는 것이었다. 오히려 전보다 더 범죄가 많아지고, 우울증에 시달리는 사람들이 더 많아지는 것이었다. 그래서 의문을 품기 시작했다. 왜 이런 현상이 나타날까? 무엇이 문제일까? 돈과 행복의 관계가 어떤 것이기에 소득이 높아졌는데도 사람들은 행복해하지 않는 것일까? 바로 이런 의문과 씨름하다 보니 행복에 관한 논문과 책들이 다량으로 쏟아진 것이다. 이처럼 오늘날 '행복'이 연구의 대상이 되었다는 것 자체가 사실은 돈이 행복을 가져다주지 않는다는 이면을 말해주는 최고의 증거다.

그럼에도, 돈에 붙들려 사는 이유 🦋

그런데 이상하다. 이처럼 돈의 한계가 검증되고 경험되었음에도, 사람들은 여전히 돈이 많으면 삶의 질이 더 윤택해지고 행복해질 거라는 환상과 믿음을 버리지 않고 있다. 종교생활을 하든 안 하든, 어떤 종교를 믿든 관계없이 '돈이 많아야 행복하다'는 것은 이 시대 최고의 믿음, 최고의 가치, 최고의 슬로건이 되었다.

미국에서는 1967년부터 매년 대학 신입생들을 대상으로 여러 가지를 묻는 '신입생 조사' American Freshman Survey를 해오고 있다는데, 매우 재미있는 사실이 하나 있다. 신입생 의식조사 중에 '경제적으로 풍요로운 것이 지극히 중요한가?' 라는 질문을 1967년 조사에서는 '그렇다'고 응답한 학생이 42%였던데 비해 2005년 조사에서는 71%였다고 한다. 385개 대학의 263,710명이 응답 반대로 '의미 있는 인생철학을 정립하는 것이 아주 중요하거나 자신에게 꼭 필요한가?' 라는 물음에는 '그렇다'고 응답한 학생이 1967년에 87%였던데 비해 2005년에는 52%였다고 한다.『행복도 연습이 필요하다』 서울대학교 이정전 교수에 의하면 서울대학교 학생들의 의식조사 결과도 미국과 다르지 않았다고 한다.『우리는 행복한가』통계가 말해주는 것처럼 학생들의 관심사가 인생철학에서 돈으로 급격하게 변화했다. 참으로 놀라운 사실이 아닐 수 없다.

왜 이렇게 되었을까? 왜 크고 작은 경험과 연구 결과들을 통해 돈이 행복과 직결되지 않는다는 진실이 확인되었음에도 사람들은 여전히 돈에 대한 환상을 저버리지 못하는 것일까? 왜 돈이 인생의 전부인 것처럼 사는 것일까? 그건 아마도 우리가 돈의 현실적 가치에 갇혀 있고, 돈의 현실적 힘에 파묻혀 있기 때문일 것이다. 사실 살아보면 현실에서 힘을 발휘하는 것은 돈이니까. 인생의 문제들을 가장 빨리 해결해주는 것 역시 돈이고, 돈의 힘은 가히 무소불위이니까. 문화, 예술, 종교, 사상, 아름다움까지도 다 돈 앞에 무릎 꿇었으니까. 돈이면 무엇이든 원하는 것을 꿰찰 수 있고, 맺힌 것을 풀 수 있으니까. 그렇다. 돈은 힘이다. 이 시대의 모든 힘은 돈으로부터 나온다. 그러니 돈에 미치는 것이 일면 당연해 보인다.

하지만, 그것은 진실의 일부에 불과하다는 것을 잊으면 안 된다. 돈이란 모든 것이지만 동시에 아무것도 아니다. 돈의 한계는 너무나 많다. 눈을 조금만 뜨면 확연히 볼 수 있다. 그런데 사람들은 이상할 정도로 돈의 한계, 돈의 이면에는 눈을 돌리지 않는다. 오직 돈의 힘에만 눈길을 준다. 돈이 모든 평가의 잣대인 현실, 교환의 신으로 군림하는 눈앞의 현실에만 눈길을 준다. 그러니 어떻게 돈을 좇지 않을 수 있겠는가? 아무리 돈이 인생의 전부가 아니라 해도 어떻게 돈벌이에 매진하지 않을 수 있겠는가?

여기서 독자의 오해를 방지하기 위해 중요한 진실 하나를 상기하고자 한다. 생존을 위해 전력투구하는 것을 비난해서는 안 된다는 것이다. 우리의 살림살이가 과거에 비해 좋아진 건 사실이지만 여전히 경제적인 문제로 고통 받는 분들이 많다. 돈벌이에 전력투구하지 않으면 기본 생계조차 어려운 분들이 많다. 그러기 때문에 생계를 위해 아침부터 밤까지 돈벌이에 매달리는 것을 함부로 비판해서는 안 된다. 고상한 척 앉아서 그들의 삶을 동물적이라고 힐난해서는 안 된다. 돈은 현실적인 생활과 생존의 수단이다. 생활과 생존을 위해 돈벌이를 하는 것은 누구라도 해야 하는 삶의 의무이며 책임이다. 이 의무와 책임을 회피하거나 소홀히 하는 것은 존재를 배반하는 것이고, 생명을 홀대하는 것이며, 삶을 팽개치는 것이다. 생명이 생존하기 위해 몸부림치는 것은 진실로 위대하고 아름다우며 숭고한 행위라는 것이 필자의 확신이다. 하지만, 그럼에도 여전히 변할 수 없는 진실이 있다. 생존이 인생의 전부일 수는 없다는 것이다. 생존이 가장 중요한 생명의 의무임은 틀림없지만, 인생은 생존 이상이어야 한다는 것이다. 사람이 빵으로만 사는 존재가 아니라는 것은 굳이 성경을 들먹이지 않더라도 알 수 있는 진리이다.

돈을 바라보는 두 극단

그렇다면, 돈과 삶의 관계를 어떻게 정립해야 할까? 우선 돈과 삶의 관계를 바라보는 극단적인 시선 두 가지를 살펴보자.

첫째, 돈의 현실적인 힘에 일찍 눈뜬 자들의 시선이 있다. 이들은 돈을 이러쿵저러쿵 고상한 척 이야기하는 것을 매우 우습게 여긴다. 현실을 모르는 철부지 이상주의쯤으로 깎아내린다. 이들은 일찍이 돈이 최고라는 걸 간파했다. 돈이면 통하지 않는 것이 없다는 걸 몸으로 경험했다. 이들이 돈의 힘에 눈뜬 것은 책을 통해서가 아니다. 온몸으로 현실을 뒹굴면서 동물적인 감각으로 눈을 떴다. 그러기 때문에 돈이 최고라는 이들의 확신은 쉽게 흔들리지 않는다. 이들은 소유의 넉넉함이 존재의 풍성함을 담보한다고 굳게 믿고 있다. 그래서 돈벌이에 온 삶을 투신하는 걸 조금도 부끄러워하지 않는다. 이들은 아예 대놓고 돈을 추구한다. 돈벌이에 전념하는 것을 매우 자랑스럽게 생각한다. 이들에게는 돈만이 현실이다. 돈보다 앞선 가치, 돈보다 현실적인 가치란 존재하지 않는다. 모든 것은 오직 돈의 종속변수일 뿐이다.

둘째, 돈을 더러운 것으로 죄악시하는 시선이 있다. 이들은 돈을 사단의 앞잡이라고 생각한다. 그래서 할 수만 있으면 돈을 멀리해야 한다고 생각한다. 필요 이상으로 소유하는 것을 죄악이라고 생각한다. 소유의 많음은 곧 약탈이라고 생각한다. 그래서 부자들을 정죄하고 증오한다. 경제활동을 열심히 한 것을 성실하다고 생각하지 않는다. 탐심일 뿐이라며 깎아내린다. 물론 앞서 말한 대로 돈은 객체가 아니다. 돈은 정사이자 권세이며, 거래와 소유의 질서에 뿌리를 둔 악의 체계이다. 돈을 사랑하는 것이 일만 악의 뿌리일 만큼 사람과 삶을 타락시키는 치명적인 유혹인 것이 사실이다. 하지만, 그렇다고 해서 돈을 멀리해야 한다고 주장하는 것은 지나치게 비현실적인 또 하나의 극단에 지나지 않는다. 물론 돈은 많은 해악을 낳는다. 하지만, 돈은 필요하다. 누구라도 돈 없이는 살 수 없다. 먹지 못하면 죽듯이 돈이 없으면 죽는다. 돈이 악의 체계라 해서 돈을 멀리해야 한다고 생각하는 것은 비현실적인 망상에 불과하다.

나는 지금 두 극단이 완전히 틀렸다고 말하는 게 아니다. 하나는 현실을 제대로 보았고, 하나는 돈의 본질적인 사악함을 깊이 보았다. 하지만, 언제나 그렇듯이 극단은 매우 위험하다. 극단적인 시선을 가지고는 돈과 삶을 화해시킬 수 없다. 사실 돈 문제는 양날의 칼과 같다. 지나치게 돈을 섬기는 것도 문제이지만, 지나치게 돈이 적은 가난도 문제다. 어떤 사람들은 가난을 단지 불편의 문제쯤으로 이야기하지만, 절대 그렇지 않다. 가난은 어쩔 수 없이 존재를 어지럽히고 삶을 위축시킨다. 위대한 자유를 갉아먹고, 소중한 관계를 파괴한다. 가난은 가난한 자들의 삶 전체를 소외시킨다. 내 노동력을 부자의 처분에 맡겨야 하는 소외, 부자에 의해 삶의 규범과 인생관 그리고 사상과 종교까지도 강요당하는 소외를 낳는다. 가난은 실로 삶의 모든 축복을 삼켜버리는 블랙홀이다. 이 때문에 양극단은 길이 될 수 없다. 우리는 양극단이 아닌 제삼의 길, 즉 돈과 삶이 화해하는 길, 돈이 살림살이와 삶에 참여하는 길을 찾아야 한다.

돈이 삶에 참여하는 길

물론 쉽지는 않다. 하지만, 돈이 삶에 참여하는 길은 분명히 있다.

첫째, 돈을 돈 이상으로 대우하지 않으면 된다. 돈이 갖춘 구매 능력에 대한 지나친 환상을 경계하고, 돈을 돈의 위치에 앉혀놓기만 하면 된다. 그렇게만 하면 돈은 삶을 나르는 통로가 될 수 있고, 삶과 행복에 참여할 수 있다. 그런데 문제가 있다. 돈을 제 위치에 앉혀놓는 것이 생각만큼 쉽지 않다는 것이다. 돈은 이미 인간의 손을 떠났다. 돈 앞에 무릎 꿇지 않은 것이 없을 정도로 돈은 이미 지상 최고의 권력을 장악했다. 프랑스의 철학자 베르트랑 베르줄리가 돈을 말하면서 "한 가지 남는 의문이 있다. 도대체 왜 우리는 적당한 선에서 멈추지 않는가? 돈이 그 앞에 사람들을 죄다 무릎 꿇리는 진정한 신이어야 할 까닭이 대체 어디에 있는가?"「행복생각」라고 탄식한 것처럼 돈이 행복에 참여하지 못하는 결정적인 이유는 돈에 대한 집착이 적당한 선에서 멈추지 못하는 데 있다. 돈을 돈으로 대하지 못하는 데 있다. 만일 우리가 돈을 돈으로 대할 수만 있다면, 돈은 지금처럼 삶을 집어삼키는 괴물이 아니라 삶에 참여하는 통로가 될 수 있을 것이다.

둘째, 사람들이 광고에 속지 않으면 된다. 자본주의 사회는 자본가들이 펼치는 광고 중심 사회이다. 자본가들은 텔레비전이나 각종 미디어를 통해, 또 길거리나 건물 옥상이나 지하철이나 극장을 통해, 심지어는 담벼락이나 하늘이나 바다를 가리지 않고 무차별적으로 소비자들을 유혹한다. 멋진 상품을 사라고. 특별한 상품을 사면 당신의 삶이 특별해 지고, 특별한 사람으로 대접받게 된다고. 이뿐 아니다. 상대적인 박탈감을 부추기고, 인위적인 수요를 창출하기 위해 모방심리와 질투심을 자극하기까지 한다. 사실 자본주의의 꽃인 광고는 단순한 정보 전달이 아니다. 광고는 자본가들의 이익을 창출하기 위해 꾸며낸 교묘한 전략이고, 소비자들의 호주머니를 털기 위한 심리 조작이다.

그런데 우리는 태어나서 죽을 때까지 이런 광고에 무방비상태로 노출되어 있다. 이 때문에 극소수를 제외하고는 자본주의 사회의 공적인 사기놀음인 광고에 놀아나고 있다. 필요 이상으로 주머니를 털리고 있다. 헛된 자존심과 부풀려진 허영심을 소비와 소유를 통해 채우고 있다. 그렇다. 현대인은 쇼핑하는 존재로 점차 길들고 있다. 자본주의 사회의 보이지 않는 손이 이끄는 대로 얌전히 따라가고 있다. 겉으로 보면 쇼핑을 즐기는 것처럼 보이지만, 사실은 필요 이상의 소비를 위해 돈을 필요로 하는 악순환의 고리에 꼼짝없이 갇혀 있다. 하지만, 우리가 자본주의 사회의 시스템과 자본가들의 광고에 길들지 않을 수 있다면, 돈이 소비의 종이 아니라 삶을 살려내는 생명의 통로가 될 수 있을 것이다.

다시 말하지만, 돈과 삶이 화해하는 길, 돈이 삶에 참여하는 길은 분명히 있다. 우리가 진실로 돈을 돈 이상으로 대우하지 않을 수 있다면, 자본가들의 광고에 길들지 않을 수 있다면, 우리가 거듭 생각하며 산다면, 돈을 숭배하지 않고 부릴 수 있는 능력을 키운다면, 돈의 한계를 알고 삶을 위한 도구로 끌어내린다면, 소유가 존재를 풍성하게 해주지 못한다는 진실에 눈을 감지 않는다면, 돈은 얼마든지 삶과 화해할 수 있다. 삶을 일구어내고 자유를 확장시키는 아름다운 도구가 될 수 있다. 세상을 변화시키고 선을 행하는 통로가 될 수 있다. 돈 버는 일에 투신해도 삶이 황폐해지지 않을 수 있다. 돈에 굴욕당하지 않을 수 있다. 돈의 너울을 뒤집어쓰고 미소 짓는 행복의 가면에 속지 않을 수 있다.

결국, 관건은 이것이다. 돈을 벌기에 앞서 돈을 다스릴 수 있는 사람이 되는 것이 관건이다. 즉 돈과 삶을 화해시킬 수 있는 인격의 힘과 내면의 아름다움을 가꾸는 것이 관건이다. 그러려면 돈 버는 기술을 배우고, 돈 사냥을 떠나기에 앞서 돈이 뭔지를 배워야 한다. 돈의 속성이 뭔지, 무엇 때문에 돈이 필요한지, 돈을 어떻게 써야 하는지를 배워야 한다. 그래야만 비로소 사람이 돈 위에 설 수 있고, 사람이 돈 위에 설 수 있어야만 삶이 돈에 휘둘리지 않을 수 있다. 돈보다 중요한 것은 언제나 돈을 다루는 사람이다.

세상 모든 것이 그런 것처럼 돈에도 양면이 있다. 돈은 삶을 창출할 수도 있고, 삶을 파괴할 수도 있다. 돈은 존재를 풍성하게 할 수도 있고, 존재를 소외시킬 수도 있다. 돈은 행복을 북돋아줄 수도 있고, 행복을 앗아갈 수도 있다. 그런데 그 갈림길에서 문제가 되는 것은 언제나 사람이다. 돈 문제는 곧 사람 문제다. 돈이 인생의 골칫덩어리가 된 것도 돈을 다루는 사람이 골칫덩어리 신세를 벗어나지 못하기 때문이다.

문제 해결의 길은 언제나 앎으로부터 출발한다. 앎이 문제 해결로 직결되는 건 아니지만 앎이 없이는 문제 해결의 길에 들어설 수 없다. 이 때문에 돈 문제를 극복하려면 돈의 정체와 돈의 현실을 똑바로 알아야 한다. 베르트랑 베르줄리의 다음 경구는 의미심장하다. "돈이란 자신을 맹목적으로 떠받드는 자들을 제멋대로 농락하는 잔혹한 신神이다."『행복 생각』옳다. 돈이 삶을 풍성케 하고 행복을 담보해준다는 환상을 깨지 못하는 한, 돈의 너울을 뒤집어쓰고 다가오는 행복의 가면을 벗겨 내지 못하는 한, 돈은 계속해서 우리의 삶을 옥죄고 농락하는 잔혹한 신의 권세를 행사할 것이다. 그래서 통째로 하나인 우리의 삶을 수많은 파편으로 산산조각 낼 것이다.

그런데 안타깝게도 우리는 이미 그 현실 속에 살고 있다. 돈에 삶을 빼앗긴 채 신음하고 있다. 돈의 굴레에 갇혀 살고 있다. 이건 비극이다. 속히 탈출해야 한다. 하지만, 아직도 돈으로 돈에 빼앗긴 삶을 되찾겠다고 야단들이다. 돈으로 돈의 감옥을 탈출해보겠다고 아우성들이다. 돈의 현실적 가치, 돈의 전능한 구매력에만 눈독을 들이고 있다. 돈의 현실적 가치 이상을 보지 못하고 있다. 돈의 한계를 보지 못하고 있다. 이래서는 안 된다. 우리가 이 비극적 현실을 탈출하려면 돈의 현실적 가치 이상을 보아야 한다. 돈으로 굴러가는 생활 이상을 보아야 한다. 돈으로 해결할 수 없는 문제들이 의외로 많다는 더 큰 진실을 보아야 한다. 그래야만 커 보였던 돈이 작아 보이게 된다. 그리고 돈이 작아 보이기 시작하면 돈으로 말미암아 빚어진 모든 뒤틀림도 하나둘씩 풀리기 시작한다. 결국, 돈을 작게 보느냐 크게 보느냐, 이것이 돈 문제를 푸는 열쇠다.

16 성공과 행복

　　　　　돈과 함께 성공은 이 시대의 우상이다. 부자와 성공한 사람이 이 시대의 주역이고 영웅이고 스타다. 이 시대의 모든 것은 돈과 성공으로 통한다. 이 시대의 행복 공식은 매우 단순하고 명쾌하다. 돈=행복, 성공=행복이다. 돈과 성공을 얻으면 모든 것을 얻었다고 생각한다. 성공하는 것이 인생을 훌륭하게 사는 길이라고 생각한다. 현실 또한 돈과 성공을 대변한다. 삶의 의미니, 가치니, 분배정의니, 생태계 보호니 하면서 고민하는 사람은 사회적인 성공을 하는 경우가 드문데 비해, 성공하는 것이 인생이라고 믿고 그 공식대로 밀고 나가는 사람은 결국 돈도 벌고 사회적인 성공도 하는 걸 볼 수 있다. 오직 돈을 많이 벌어야겠다는 하나의 목표, 성공하겠다는 하나의 목표만을 붙잡고 씨름하는 사람들이 승자가 되는 것을 볼 수 있다. 그러나 이 또한 삶의 일부일 뿐이다.

성공과 행복을 바라보는 세 가지 시선

먼저 성공과 행복, 성공과 삶의 관계를 바라보는 관점에 대해 살펴보자.

성공과 행복을 바라보는 관점에는 세 가지 정도의 시선이 있다고 생각된다. 성공을 통해 행복을 얻겠다는 것이 첫 번째 시선이고, 성공과 행복을 동시에 붙잡겠다는 것이 두 번째 시선이며, 행복은 성공 너머에 있다는 것이 세 번째 시선이라고 할 수 있겠다. 그림으로 표현하면 다음과 같다.

〈그림 1〉

〈그림 1〉은 행복에 이르기 위해서는 반드시 성공의 문을 통과해야 한다는 첫 번째 시선을 대변한다. 이들은 보통의 삶, 불만족한 삶에서 빠져나와 성공을 이루면 그 성공을 통해서 원하는 행복에 이를 수 있다고 믿는다. 성공을 행복으로 가는 징검다리로 이해한다.

〈그림 2〉는 행복과 성공을 다 잡아야 한다는 두 번째 시선을 대변한다. 행복에는 성공의 요소가 들어 있고 성공에도 행복의 요소가 들어 있긴 하나 성공과 행복은 기본적으로 별개의 영역이라는

생각이 강하다. 그래서 이들은
성공을 통해서 행복을 얻겠다기
보다는 행복은 행복대로, 성공은
성공대로 추구하는 경향이 있다.

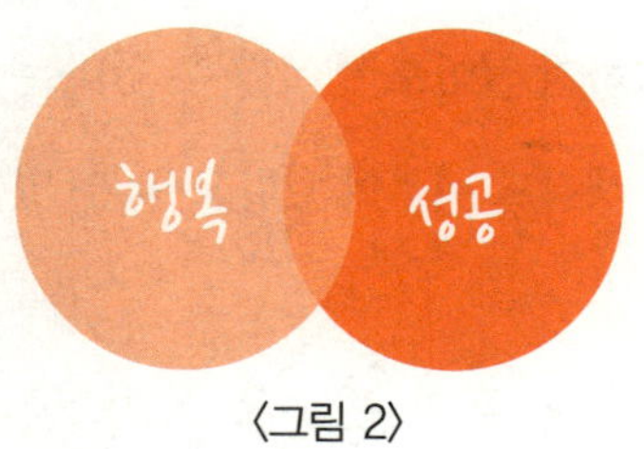

〈그림 2〉

한 마디로 성공과 행복이라는 두 마리 토끼를 다 잡아보겠다는 계
산이 깔렸다고 할 수 있다.

　〈그림 3〉은 행복이란 성공을 초월해 있다
는 세 번째 시선을 대변한다. 성공이 좋은 것
이긴 하나 행복에는 별 영향을 미치지 않는다
고 생각한다. 성공보다는 행복이 훨씬 중요하
고 값진 것이라고 생각한다. 그래서 이들은 성

〈그림 3〉

공보다는 행복을 얻는데 삶의 초점과 에너지를 집중한다. 성공보
다는 행복에 우선순위를 둔다. 행복과 성공이라는 두 마리 토끼를
다 잡아야 한다는 생각과는 퍽 대조적이라 할 수 있다.

　물론 사람들이 어느 하나의 시선에만 묶여 있는 건 아니다. 대
부분의 사람 안에는 위 세 가지 시선이 뒤섞여 있다고 할 수 있다.
성공보다는 행복이 중요하고 우선되는 가치라고 생각하면서도 동
시에 성공도 행복 못지않게 중요하다는 생각이 뒤섞여 있고, 성공

하지 않아도 행복할 수 있다는 생각과 성공해야 행복할 수 있다는 생각도 뒤섞여 있다고 할 수 있다.

성공과 행복을 바라보는 또 하나의 시선

필자의 관점은 좀 다르다. 위 세 가지 시선만으로는 성공과 행복의 진실을 제대로 볼 수 없다고 생각한다. 하여 제4의 관점을 이야기하려 한다. 제4의 관점을 〈그림4〉를 통해 살펴보자.

〈그림 4〉

〈그림 4〉는 행복이란 보통의 삶, 불만족스러운 현재의 삶 가운데 이미 존재한다는 생각을 나타내고 있다. 행복이란 성공 너머에 있는 것도, 성공의 관문을 통해 들어가야 하는 것도 아니라고 생각한다. 행복은 현재의 불완전한 삶 속에 보석처럼 숨어 있는 것이라고 생각한다. 행복은 눈물이 있고, 가난이 있고, 아픔이 있고, 불의와 상처가 있는 현재의 구멍 뚫린 삶 속에 있다고 생각한다.

나는 이 관점이 가장 현실적이면서도 건강한 시선이라고 생각한다.

생각해보자. 현재의 삶이 불의하고 불완전하다고 해서 아예 행복이 없는가? 그렇지는 않다. 지극한 고난과 어려움 속에서도 사람들은 행복의 편린들을 누리며 살아왔다. 성공뿐 아니라 실패에도 행복이 있고, 부유함뿐 아니라 가난에도 행복이 있다. 기뻐 노래할 때만 행복한 것이 아니라 눈물을 흘리면서도 얼마든지 행복할 수 있다. 어쩌면 눈물 속에서 피어나는 행복의 꽃이 더 아름답고 향기로울지도 모른다. 또 건강할 때 맛보는 행복이 있는가 하면, 병중에서만 건져 올릴 수 있는 행복이 있다. 무릇 행복은 성공으로 치장된 화려한 삶이 아니라 불완전한 일상의 삶에서 피어나는 한 떨기 소담한 꽃이다.

'삶' 과 '삶의 상황'

아주 소박하게 이야기해보자. 사람들이 성공하기 위해 그처럼 몸부림치는 것은 대체 무엇 때문일까? 아마 가족과 본인의 안정된 삶과 자녀의 성공적인 미래를 지원하기 위해서일 것이다. 더욱 풍요롭고 편안한 삶을 살고 싶어서일 것이다. 한 걸음 더 나아가 자기의 꿈을 실현하고 싶어서일 수도 있다. 성공하면 돈이 따라오고, 꿈꾸었던 생활을 맘껏 펼칠 수 있다고 믿기 때문일지도 모른다. 하지만, 삶은 냉정하다. 성공으로 행복한 살림살이를 담보할 수 있을 만큼 삶은 단순하지 않다.

인생의 현실을 정직하게 들여다보자. 사람들은 대부분 아름답고 인간적인 삶을 위해 성실하게 노력해서 어렵사리 부자도 되고 성공도 한다. 그런데 처음 의도한대로 아름답고 인간적인 삶으로 나아가던가? 그런 경우가 전혀 없다고 할 수야 없지만 그렇지 못한 경우가 더 많은 게 사실이다. 대부분의 성공은 삶을 소외시킨다. 성공을 향해 질주하다가 자기도 모르는 사이에 삶에서 미끄러지는 경우가 허다하다. 아름다운 삶을 위해 성공을 꿈꾸었는데, 성공을 향해 달리다 보면 꿈꾸었던 아름다운 삶은 저만치에서 숨을 헐떡이는 경우가 정말 많다.

사실 돈, 권력, 성공, 지식, 신앙, 기술, 문학, 예술, 기업, 이 모든 것은 삶을 위해 동원되어야 마땅하다. 신앙도 삶을 위해 주어진 하늘의 선물이다. 그러나 현실은 정반대다. 삶이 돈을 위해 동원되고, 삶이 성공을 위해 동원되고, 삶이 기업을 위해 동원되고, 삶이 신앙을 위해 동원되고 있다.

삶이란 본래 돈과 성공으로 치장할 수 있는 것이 아니다. 삶이란 한 마디로 표현할 수 없는, 아니 어떤 말로도 담아낼 수 없을 만큼 거대하고 오묘한 그 무엇이다. 에크하르트 톨레는 『지금 이 순간을 살아라』에서 '삶의 상황'과 '삶'을 구분했다. '삶의 상황'은 우리의 환경과 경험을 포함하는 것이기 때문에 '삶의 상황'을 개선하기 위해 목표를 세우고 노력하는 것은 잘못이 아니라고 말한다. 하지만 '삶'은 개선할 수 있는 것이 아니라고 강조한다. '삶'은 근원적이고, 우리의 가장 깊은 내면에 존재하는 것이며, 그것은 이미 완전한 것이기 때문에 개선할 수 없다고 말한다. 그러면서 '삶의 상황'을 개선하려고 노력하는 것이 잘못은 아니지만, '삶의 상황'을 개선하는 걸 '삶'의 개선이라고 생각하고 '삶'의 대용물로 여기는 것은 잘못이라고 지적했다.

매우 옳은 지적이다. 삶이란 본래 사람의 손안에 들어 있는 '그 무엇'이 아니다. 삶이란 하나님의 손안에 있는 것이요, 우주 전체가 그물망처럼 얽히고설켜 구성된 '그 무엇'이다. 모든 생명이 자기 존재의 본성과 모든 존재의 본성에 일치하게 될 때 경험할 수 있는 '그 무엇'이다. 한 걸음 더 나아가 하나님의 뜻에 호응하고, 만물을 운행하시는 하나님의 손길에 반응할 때 피어나는 '그 무엇'이다. 그래서 진정한 의미의 삶이 되려면 반드시 내 삶이 거대한 삶 속으로, 거대한 삶이 내 삶 속으로 침투해 들어와야 한다. 내 생활의 리듬이 우주의 리듬과 조화를 이루어야 한다. 그리고 거대한 삶과 내 삶이 만날 때 피어나는 한 떨기 소담한 꽃이 바로 행복이다.

그런데 우리는 성공이 곧 삶인 것처럼, 성취가 곧 삶인 것처럼 생각한다. 삶의 상황을 개선하는 것이 곧 삶의 개선인 것처럼 생각한다. 실제로는 돈과 성공 때문에 삶이 소외되고 있는데, 우리는 돈과 성공이 삶을 풍요롭게 하고 행복하게 할 것이라고 믿는다. 성공이라는 사다리를 타고 올라가면 그 위에 행복이 있을 거라고 기대한다. 이 시대의 부모와 지도자들도 하나같이 말한다. 성공하기 위해 큰 꿈을 가지라고. 성공할 때까지는 좌고우면左顧右眄하지 말라고. 사회와 시대도 같은 요구를 한다. 성공으로 너의 능력을 보여 달라고. 성공이라는 실적을 내놓으라고. 이처럼 개인과 사회 전체가 성공에 몰입All-in하다 보니 삶을 위해 요구되었던 성공이, 성공을 위해 삶이 동원되고, 성공을 위해 삶이 소외당하는 지경이 되고 말았다.

가수 조영남씨가 "너무 큰 꿈은 인생을 재미없게 만든다"고 말했다. 다들 '큰 꿈을 가지라'고 외치는 시대에 '너무 큰 꿈은 인생을 재미없게 만든다'는 말은 시대의 맹점을 정확하게 꼬집은 것이라고 생각된다. 인생을 깊이 통찰한 데서 나온 것이라고 생각된다. 사실 너무 큰 꿈은 인생을 펼치기보다는 오히려 삼켜버리기 쉽다. 너무 큰 꿈은 인생의 다양한 멋과 깊은 맛을 즐길 여유를 잃어버리게 하기 쉽다. 너무 큰 꿈은 꿈의 성취라는 결과에만 집착하게 하기 때문에, 인생길을 여행하면서 경험할 수 있는 수많은 축복을 놓치게 하기 쉽다.

물론 꿈이 필요치 않다고 말하는 게 아니다. 꿈은 우리가 어려울 때 좌절의 늪에서 허덕이지 않도록 힘을 북돋아준다. 꿈은 긍정의 힘이 되어 인생의 어려움을 뚫고 나가게 해준다. 꿈은 인생의 나침반이 되어 목표 지점을 잃지 않게 해준다. 꿈이 있는 사람만이 삶의 나래를 펴고 인생의 창공을 날 수 있다. 하지만, 너무 큰 꿈은 인생을 해칠 수도 있다는 것 또한 부정할 수 없는 진실이다. 어쩌면 너무 큰 꿈을 꾸지 않는 것이 행복으로 가는 지혜일지도 모른다.

사회심리학자 에리히 프롬은 "그 무엇이든 욕망의 대상이 될 수 있다. 일용품, 재산, 의식, 선행, 지식, 그리고 사상, 등. 이 모든 것은 그 자체로 나쁜 것이 아니라 나쁜 것이 되는 것이다. 다시 말하면 우리가 그것들에 집착할 때, 그리하여 그것들이 우리의 자유를 구속하는 족쇄가 될 때, 그것들은 우리의 자기실현에 걸림돌이 되는 것이다"『소유냐 존재냐』라고 말했다. 꿈도 예외가 아니다. 꿈은 그 자체로 좋은 것이지만 꿈이 지나쳐 집착하게 되면, 그때부터 꿈은 인생의 걸림돌이 된다. 참 묘하지만, 인생이 그렇다. 그것이 인생의 역설이고, 인생의 묘미이며, 인생의 짓궂음이다. 우리가 인생이라는 산을 쉽게 정복하지 못하는 것도 인생이라는 것이 그토록 오묘하고 짓궂기 때문일 게다.

도스토예프스키는 말했다. "인간은 자신이 행복하다는 사실을 알지 못하기 때문에 불행하다”고. 참 싱거운 말이다. 그런데 이 말 속에는 싱겁지 않은 의미가 숨어 있다. 돈과 성공의 사다리를 타고 올라가야만 거기에 행복이 있는 게 아니라 이미 우리 곁에 있고, 우리 안에 있다는 뜻이 들어 있다. 톨스토이는 『참회록』에서 작가로서 최고의 성공을 구가하던 삶의 정점에 섰을 때 인생의 깊은 허무를 보았다고 고백했다. 사람들의 찬사와 귀족들과의 향연이 행복의 산에 오르게 하기보다는 허무의 늪으로 끌고 갔다고 고백했다. 진정한 평화와 진정한 경건함 또한 귀족들의 삶에서가 아니라 밭에서 일하는 민중들의 평범한 삶 속에서 보았다고 고백했다. 나는 톨스토이의 고백이 가식이 아니라고 믿는다. 그리고 행복은 성공한 자들의 삶이 아니라 민중들의 삶 속에 있다는 역설을 믿는다. ‘성공’은 승리자의 언어지만 ‘행복’은 평범한 사람들의 언어라는 사실을 믿는다.

만일 행복이 성공의 문을 통과해야만 들어갈 수 있는 것이라면 어떻게 되겠는가? 행복은 성공한 사람에게만 배당되는 특별한 것이 되지 않겠는가? 그럴 수는 없다. 그래서도 안 된다. 하나님께서는 행복을 성공한 사람들에게만 허락되는 특권으로 만들지 않았다. 인생을 사랑하시는 하나님께서는 행복을 사치품이 아니라 필수품으로 만드셨다. 성공하지 못한 사람들도 얼마든지 행복할 수 있게 말이다. 그런데 사람들은 아직도 행복이 민중의 삶에 있지 않고 몇몇 승리자의 삶에만 있는 줄로 착각하고 있다.

성공의 그림자

돈이 그러하듯 성공에도 치명적인 그림자가 있다. 성공은 이상하게도 공동체를 파괴한다. 사람과 사람 사이의 관계를 파괴한다. 정말 그럴까?

한 번 보자. 누구든지 성공한 사람의 이야기를 보고 들어본 경험이 있을 것이다. 텔레비전이나 잡지에서 한 번쯤은 다 보고 들었을 것이다. 그때 눈부신 성공담을 들으면서 어떤 느낌을 받았는지 기억하는가? 아마 들을 때에는 귀가 솔깃했지만 듣고 나서는 왠지 마음이 뒤숭숭해져 있었을 것이다. '나도 저렇게 성공해야지' 하는 분발심이 작동했을지도 모르고, '그래 너 잘났다'는 식의 질투심이 발동했을 수도 있다. 성공하지 못한 자신의 모습이 초라해 보여서 삶의 의욕이 꺾였을 수도 있다. 거리의 여자들을 유심히 관찰해보면 재미있는 장면을 발견할 수도 있다. 날씬하게 생긴 여자가 화려한 옷을 걸치고 지나갈 때 다른 여자들이 무표정한 얼굴로 외면하거나 눈을 치뜨는 장면. 아마 몇 번쯤은 보았을 것이다.

반대로 행복하게 사는 사람들의 이야기를 들을 때면 어떤가? 행복하게 사는 사람의 이야기를 들을 때면 왠지 마음이 흐뭇해지는 것을 느낄 것이다. 듣다 보면 '나에게도 행복의 요소가 많이 있구나!' 하는 걸 발견하곤 절로 행복해지기도 했을 것이다. 성공한 사람의 화려한 성공담을 들을 때와 달리 경쟁심이나 시기심이 발동하지 않았을 것이다.

이것이 인간의 마음이다. 성공담은 경쟁심을 발동시키는 데 비해 행복담은 또 다른 행복감을 유발한다. 행복담은 성공담과 달리 삶을 새로운 눈으로 보게 해준다. 힘들고 고달프지만 삶을 긍정할 힘을 준다. 공동체성을 살려낸다.

물론 화려한 성공담이 꼭 해롭기만 한 건 아니다. 화려한 성공담이 분발심을 자극해 새롭게 도전하는 계기를 만들어주기도 하니까 말이다. 2008년에 10대인 박인비 양이 여자 골프 대회 가운데 가장 역사가 길고 권위 있는 US여자오픈 대회에서 최연소 우승을 했다. 그런데 박인비 양이 골프를 시작한 배경이 재미있다. 초등학교 4학년 때인 1998년 7월 7일의 사건, 그러니까 박세리 선수가 US여자 오픈대회에서 연장과 재연장을 거듭하는 가운데 양말을 벗고 연못으로 들어가는 맨발의 투혼으로 제니 추아시리폰을 꺾고 우리나라 역사상 최초로, US오픈 역사상 최연소의 나이로 은빛 우승 트로피를 안아 온 국민의 가슴에 큰 감동을 주었던 그날의 사건을 TV로 보다가 마음에 큰 감동을 받고, 그 다음 날부터 골프를 시작했다고 한다. 그리고 꼭 10년 만에 박세리가 우승했던 그 대회에서 박세리보다 더 어린 나이에 메이저 퀸이 되었다. 미국의 클린턴 대통령은 중학교 시절에 케네디 대통령을 만난 경험이 자극이 되어 대통령 꿈을 키웠다고 한다. 아마 누군가는 우리나라 최초의 우주인으로 우주정거장에 갖다 온 이소연 씨를 보고 우주인의 꿈을 키우고 있을지도 모른다.

그렇다. 성공한 사람의 이야기는 또 다른 성공을 부르는 메아리가 되는 게 사실이다. 그러나 한 가지 확실한 것은 성공이 삶의 원형인 공동체성을 살려내지 못한다는 것이다. 아마 누군가는 그게 아니라고, 그건 어디까지나 듣는 사람의 마음이 삐뚤어져서 그런 것이라고 말할지도 모르겠다. 일리가 있다. 남의 성공담을 듣는 사람의 마음에도 문제가 있는 게 사실이다. 하지만, 듣는 자들의 마음만 탓할 수 없는 측면이 분명히 있다. 한 사람이 성공하면 나머지 99명은 실패자가 되어야 하는 것이 냉엄한 현실이니까. 그것이 성공의 본질이며 한계이니까. 사실이다. 성공이라는 것은 어쩔 수 없이 상대적 낭패감과 경쟁심을 유발하게 되어 있다. 성공한 자의 의도와 상관없이 공동체를 해치는 결과를 가져오게 되어 있다. 물론 성공한 자에게 그 책임이 있다고 말하는 게 아니다. 단지 성공에 뒤따르는 결과가 그렇다는 이야기다.

성공과 행복의 역설

정신과 의사인 숀 크리스토퍼 셰어는 20년 넘게 임상정신의학에 종사하면서, 사람의 행복이나 불행에 가장 크게 영향을 미치는 것은 그 사람이 추구하는 것과 관련이 있다는 것을 발견했다고 한다. 특히 고통과 불행은 대부분 그 사람의 욕망추구하는 것에 그 뿌리를 두고 있다고 한다. 즉, 그들이 추구하는 것 때문에, 혹은 다른 사람들이 그들에게 추구하도록 강요하는 것 때문에, 그들이 추구하는 목표를 달성하는 데 실패하고 있다고 생각하는 다른 사람들 때문에, 그들이 추구하는 목표를 달성하는 데 실패하고 있다고 다른 사람들이 생각하지 않을까 하는 두려움 때문에, 잘못된 목표를 추구하는 일에 사로잡혀 있기 때문에, 지나치게 많은 목표를 선택했기 때문에 사람들이 고통을 느낀다는 것이다. 『당신은 지금 행복한가』

티모시라는 학생의 이야기는 매우 흥미 있다. 셰어가 보기에 티모시는 약간 작은 키였지만 매우 영민하고 눈빛도 맑으며 솔직한 청년이었다고 한다. 스스로 정신과 치료를 받을 만큼 용기도 있는 청년이었다고 한다. 그런데 그의 문제는 유능한 학생으로서 남들이 부러워할 만큼의 성과를 올렸음에도, 자신은 정작 행복하지 않다는 것이었다. 그는 자기 문제를 이렇게 털어놓았다. "나는 내가 원하는 모든 일에서 성공을 하는 것처럼 보입니다. 그런데 나는 행복하지가 않습니다. 이상하지 않습니까?" 그리고 몇 달 후, 티모시는 매우 즐거운 표정으로 진료실에 들어오더니 새로운 말을 했다. "선생님, 답을 찾았어요. 이게 얼마나 중요한 건지 잘 모르겠어요. 하지만, 우리가 찾고 있던 게 바로 이것이라는 생각이 들어요. 인생에서 무엇이 중요한 건지 똑똑하게 알게 된 것 같아요." 그는 연이어 말했다. "선생님, 이거 아세요?" "아니, 뭐 말인가?" "성공은 행복이 아니에요. 행복을 찾는 게 성공이지요. 온갖 것을 다 이루지 못해도 행복한 사람이 성공한 사람이지요. 그런데 그동안 나는 이것과 정반대였죠. 그래서 온갖 성공을 거두어도 행복하지 않았던 거예요. 가만히 앉아서 나 자신을 행복하게 만드는 것, 내가 하고 싶은 것이 무엇인지, 그리고 그것을 어떻게 하고 싶은지 생각해 봐야겠어요. 그래서 그걸 내 인생의 목표로 삼을 거예요. 나 자신이 행복해지는 것, 다른 사람을 행복하게 만드는 것을 목표로 삼을 거예요. 이렇게 살면 아주 풍요롭게 살 수 있을 것 같아요. 그게 더 나은 것으로 생각해요."「당신은 지금 행복한가」

티모시 이야기는 사실 우리 모두의 이야기이다. 이 똑똑한 젊은이뿐 아니라 우리도 대부분 성공 이후에는 당연히 행복이 따라올 것으로 생각한다. 그리고 그 젊은이처럼 뒤따라오리라고 예상했던 행복을 발견하지 못하는 것 때문에 힘들어한다. 다행히 티모시는 성공에도 불구하고 불행한 자신의 삶을 들여다보면서 진지하게 고

민했고, 깊이 고민하는 가운데 성공을 쟁취하는 것보다 행복을 찾는 것이 더 중요하다는 것, 행복하게 사는 것이 진정으로 성공한 삶이라는 역설을 발견하였다.

하지만, 우리는 대부분 아직도 승리의 욕망에 이끌려 살고 있다. 무한 경쟁으로 몰아가는 사회적 힘에 떠밀려 살고 있다. 내가 진정 원하는 것이 무언지를 생각해보기도 전에 경쟁에 뛰어들어야 하는 일그러진 삶, 다른 건 다 뒤로 재껴 놓고 일단은 경쟁에서 승리하는 것이 지상 과제가 되어버린 이상한 삶을 살고 있다. 내가 차지할 수 있는 자리를 확보하는 것이 내가 서야 할 자리가 어디인지를 결정하는 것보다 더 중요한 일이 되어버린 뒤바뀐 삶을 살고 있다. 그래서 자리를 차지하기는 했는데 물론 그것도 쉬운 일이 아니며 극소수의 사람만이 원하는 자리를 차지하고 있다 그 자리에 앉아있어도 행복하지 않다고 하소연하고 있다. 앞만 보고 달려왔는데 달려와 보니 공허하기 그지없다며 허탈해하고 있다.

성공으로 채색된 행복의 가면을 벗으려면

그렇다. 돈과 성공을 거머쥐면 절로 행복해질 것이라는 우리의 믿음은 진실에 기초한 것이 아니다. 그건 환상이고 가면이다. 우리는 이제 성공으로 채색된 행복의 가면을 벗어 던져야 한다. 어떻게 해야 할까?

첫째, 삶과 행복의 진실을 볼 수 있는 눈을 떠야 한다. 앞서 말한 대로 참된 행복은 성공 안에 있지 않고 일상에 숨어 있다는 진실에 눈을 떠야 한다. 비록 성공이 행복의 적은 아니지만, 행복을 위협하는 치명적인 바이러스가 있다는 사실만큼은 충분히 인식해야 한다. 물론 겉으로 보기에는 성공한 사람이 행복한 사람보다 훨씬 멋져 보이고, 성공이 행복보다 더 찬란하고 고귀해 보이는 것이 사실이다. 하지만, 좀 더 깊이 들여다보면 전혀 다른 세계, 즉 '사회적인 성공'과 '삶의 성공'은 그 차원이 다를 뿐 아니라, '사회적인 성공'보다는 '삶의 성공'이 훨씬 값지다는 근원적 세계가 눈에 들어온다. 헨리 나우웬 신부는 '성공한 삶'과 '열매가 풍성한 삶' 사이에는 크게 다른 점이 있다고 하면서 이렇게 말했다. "우리에게 참된 기쁨을 주는 것은 성공적인 삶이 아니라 열매 맺는 삶임을 서로에게 상기시켜 주십시오."『영혼의 양식』 그렇다. 성공이 반드시 삶이 열매가 되지는 않는다.

둘째, 돈과 성공이 전부인 사회 분위기에 휩쓸리지 않을 수 있는 용기가 필요하다. '성공 없는 행복'에 박수를 쳐주는 사람이 없을지라도 '성공 없는 행복'을 선택할 수 있는 용기, 삶을 옥죄는 성공 같은 건 필요치 않다며 과감하게 포기할 수 있는 용기가 필요하다. 그런 용기가 있는 자만이 행복한 삶을 선택할 수 있다.

셋째, 삶을 깊이 음미할 수 있는 와인 감식가의 자세가 필요하다. 와인 감식가는 한 번에 잔을 비우는 법이 없다. 와인의 풍부한 맛을 충분히 음미하고 즐기고자 충분한 시간을 갖는다. 코와 혀끝만 아니라 온몸의 감각을 총동원해 와인의 다양한 맛과 향을 구체화한다. 인생도 마찬가지다. 한 번에 와인 잔을 비우는 것처럼 살면 안 된다. 인생이란 성공의 목마름을 적시고 소유의 잔을 채우라고 주어진 것이 아니다. 인생은 성공을 위해 주어진 것이 아니다. 인생은 오직 삶을 위해 주어진 것이다. 존재의 근원을 알고, 너와 나를 알고, 삶의 바탕인 하나님과 세상을 알고, 인생의 어떠함을 맛보라고 주어진 것이다. 더욱이 삶은 와인 보다 그 맛과 향이 훨씬 다양하고 다채롭다. 미세한 차이를 다 설명하기 어려울 만큼 신비롭다. 또 미세한 차이가 엄청난 결과의 다름을 불러오기도 할 만큼 오묘하고 짓궂다. 그래서 인생을 제대로 살려면 와인 감식가보다 더 깊은 분별력과 음미하는 태도, 진중하고 그윽한 자세가 필요하다. 앞만 보고 내달리는 것으로는 인생의 미묘하고 깊은 맛을 음미할 수 없다.

이야기를 정리하자. 인생은 일등을 한 자에게 면류관을 씌워주는 경기가 아니다. 인생은 함께하는 놀이 같은 것이지 우승을 가리는 경기가 아니다. 소크라테스가 '반추하지 않은 인생은 살아갈 가치가 없다'고 말한 것처럼 인생의 묘미는 반추하는 데 있다. 반추하지 않고 내달리는 인생에는 삶의 향기가 머물기 어렵다. 더욱이 행복에는 성공에 없는 미덕이 있다. 행복은 성공과 다르게 누구나 가질 수 있고, 또 함께 가져도 줄지 않는다. 성공은 절대 나누어 가질 수 없지만, 행복은 나누면 나눌수록 더 커진다. 행복은 성공과 다르게 경쟁심이나 시기심을 유발하지 않고 서로 세워준다. 그래서 나는 성공 지향적인 사회보다는 행복 지향적인 사회가 더 인간다운 사회, 더 아름다운 사회, 하나님이 계획하신 삶의 원형에 가까운 사회라고 믿는다.

신앙과 행복

모든 인간은 종교적 존재다. 그리고 신앙은 행복의 첩경이다. 신앙생활을 하는 사람이 신앙생활을 하지 않는 사람보다 훨씬 행복하다는 것은 명약관화明若觀火한 진실이다. 그리스도의 사람 바울을 보자. 바울은 어떤 형편에서든지 자족할 수 있는 능력을 체득했노라고 말했다. 배부르든지 배고프든지, 풍부하든지 궁핍하든지 요동하지 않을 수 있는 능력, 즉 비천에 처할 줄도 알고 풍부에 처할 줄도 아는 일체의 비결을 배웠노라고 말했다. 빌4:11~12 또 사람들이 자랑스럽게 내세우는 조건들, 명예로이 여기는 모든 것을 쓰레기통에 내던졌다고 말했다. 빌3:8 참 대단하다. 눈곱만한 손해를 입어도 밤잠을 설치고, 남보다 조금만 부족해도 상대적인 박탈감에 어금니를 깨무는 것이 인간의 성정인데 어떤 형편에서든지 자족할 수 있다니, 비천과 풍부까지도 다 품을 수 있다니 참 놀랍다. 바울의 삶을 들여다보면 볼수록 온갖 비바람과 눈보라에도 끄떡하지 않는 큰 산 같다는 느낌이 든다.

이현주 목사는 이런 바울을 가리켜, '사람이면서 사람 세상을 벗어난 사람, 죽음이 더는 겁줄 수 없고 삶이 더는 초조하게 만들 수 없는 사람, 이 땅에 머물면서 하늘 백성으로 사는 사람, 그리스도와 함께 자기 몸을 십자가에 못 박은 사람, 그리하여 그리스도와 함께 다시 살아난 사람'『장자산책』이라고 했다. 그렇다. 바울처럼 이미 사람 세상을 벗어난 사람을 세상이 어떻게 하겠는가? 이미 항상 기뻐하고 모든 일에 감사하는 사람을 세상이 어떻게 하겠는가? 이미 하찮은 것들을 내버린 사람을 무슨 수로 불행의 늪에 빠뜨릴 수 있겠는가? 안 그런가? 신앙은 정녕 행복의 지름길이다.

하지만, 모든 신앙이 다 그런 건 아니다. 신앙에는 최상의 덕이 있는 만큼 치명적인 위험 요소도 있다. 사실 모든 신앙에는 두 갈래 길이 있다. 미덕의 길과 해악의 길. 그중에도 미덕의 길은 한없이 좁지만, 해악의 길은 한없이 넓다. 정직한 눈으로 한 번 보라. 뜻밖에도 많은 이들이 신앙으로 해악의 길을 가는 걸 발견할 수 있을 것이다. 그것도 매우 행복하게, 또 해악의 길을 가고 있다는 사실조차도 모른 채 말이다. 그 실상을 한 번 들여다보자.

천차만별인 신앙 🦋

신앙의 사람 바울은 진실로 세상이 흔들 수 없는 행복자였다.

모든 것을 가진 행복자가 아니라 '텅 빈 행복자'였다. 바울에게 신앙은 존재의 혁명이요 삶의 혁명이었다. 그것도 바울 자신의 판단과 의지로 결행한 '내부로부터의 혁명'이 아니라 하나님의 계시와 은총에 붙잡힌 '위로부터의 혁명'이었다. 존재와 삶의 변화가 도드라진 실체적 혁명이었다. 바울은 위로부터의 은총으로 하나님의 세계를 보았고, 죄로 말미암은 존재와 삶의 왜곡을 보았고, 그리스도의 십자가 죽음과 부활을 통해 왜곡된 존재와 삶의 회복을 경험했다. 그랬기에 그는 지고한 행복, 구원에서 비롯된 근원적 행복을 경험할 수 있었다. 바울에게 신앙은 창조주 하나님과 하나님의 창조세계에 눈 뜨는 것이었다. 그리고 그 신앙으로 하나님과 창조세계에 눈뜸으로써 어떤 형편에서든지 자족할 수 있었고, 모든 일에 감사할 수 있었고, 항상 기뻐할 수 있었다. 하나님나라를 봄으로써 사람 세상을 넘어설 수 있었다.

그런데 신앙의 양태가 그리 단순하지 않다. 인간이라는 존재 자체가 신묘한 존재이듯 인간의 신앙 양태 또한 묘사할 수 없을 만큼 다양하다. 사람마다 얼굴 모양이 다르고, 개성이 다르듯, 신앙도 비슷한 것 같지만 천태만상이다. 종교에 따라 신앙의 깊이와 양태가 다르지만, 같은 기독교 신앙 안에서도 천차만별이기는 마찬가지다. 신앙의 색깔과 향기도 다르고, 그 다름의 정도 또한 같은 신앙이라고 말하기 어려울 만큼 크다. 그래서 모든 신앙이 바울이 경험한 축복의 세계, 즉 어떤 형편에서든지 자족하고 모든 일에 감사하고 항상 기뻐하는 삶을 열어준다고 할 수는 없다.

물론 신앙은 은총이요 신비이기 때문에 신앙의 건강성 여부를 객관적인 잣대로 판단하기란 쉽지 않다. 하지만, 한 가지는 분명하게 말할 수 있다. 건강한 신앙보다는 건강하지 못한 신앙이 비교할 수 없을 정도로 많다는 것 말이다.

구멍 뚫린 신앙의 세계 ❧

신앙의 세계를 깊이 들여다보면 인간의 치명적인 약점들이 수없이 작동하는 것을 알 수 있다. 합리적인 것 같으면서도 비합리적인 맹목, 포기할 수 없는 탐욕과 허약한 자존심, 생각하기 싫어하는 게으름, 현실에서 도피하려는 유약함, 책임을 떠넘기려는 유치함, 무조건 믿고 싶어 하는 단순함 등 헤아릴 수 없는 약점들이 교묘하게 신앙의 세계에서 암약하고 있다.

그 실상을 몇 가지만 꼽아보자. 첨단과학기술 시대를 살아가는 오늘날에도 운명을 예언하는 점집이 전국적으로 성업하고 있다. 신문이나 인터넷에서 '오늘의 운세'를 알려주는 코너가 질긴 생명력을 유지하면서 지속되고 있다. 그것도 띠로 본 오늘의 운세, 별자리로 본 오늘의 운세, 주역으로 본 오늘의 운세 등 콘텐츠도 다

양하다. 13일의 금요일에는 불운이 찾아온다는 서양의 속설도 그
렇다. 이날에 대한 막연한 공포심 때문에 나폴레옹, 처질, 프랭클
린, 루스벨트 등 쟁쟁한 영웅들이 이날 잡힌 약속들을 취소했다고
한다. 미국의 MIT에서는 학생들에게 초빙된 강사의 이력을 미리
말해주는 실험을 했다고 한다. 한 집단에는 강사의 냉정한 면을 묘
사하고, 다른 집단에는 강사의 따뜻함을 칭찬하고 나서 강의를 듣
게 하고는, 강의가 끝난 후 강사를 평가하게 했다고 한다. 그랬더
니 평가 결과가 그들에게 미리 제시한 이력의 범위에서 크게 벗어
나지 않았다고 한다. 또 많은 여성이 자신을 실제보다 더 뚱뚱하다
고 믿고 무리한 다이어트를 하다가 거식증에 걸린다. 최면을 통해
전생과 접촉할 수 있다고 믿는다.

우리의 일상에 영향을 미치는 통념들도 많다. 시작이 좋으면 하
루가 좋다든지, 아침에 까마귀가 날아오면 불길하다든지, 돼지꿈
을 꾸면 돈이 들어온다든지, 간밤의 꿈을 지나치게 의식한다든지,
병원에 4층이 있으면 안 된다든지, 결혼을 앞둔 사람이 장례식이
나 제사에 참여하면 안 된다든지, 하여튼 부지기수다. 17세기 유럽
을 휩쓸었던 마녀사냥, 2차 세계대전 중 나치스 독일에 의해 자행
된 유대인 대학살 홀로코스트, 종교가 다르다는 이유 하나로 하루
아침에 이웃과 동족을 죽인 보스니아 내전 등의 집단 광기는 또 어
떤가?

　사실 이런 일들은 다 믿음 때문에 빚어진 일들이다. 그리고 이런 일들은 우리의 판단과 믿음이 얼마나 허약한 토대 위에 서 있는지를 웅변적으로 말해준다.

　그런데 앞서 말한 것처럼 사람은 기본적으로 종교적이다. 바울이 아테네 사람들에게 종교성이 많다고 했지만 행17:22 사실은 모든 사람에게 종교성, 즉 믿음의 경향성이 있다. 그렇다면, 믿음의 경향성은 어디에서 비롯된 것일까? 왜 사람들은 미신을 믿고, 속설을 믿고, 말도 안 되는 것을 쉽게 믿는 것일까? 왜 사이비 신앙이 사라지지 않는 것일까? 회의주의자인 마이클 셔머는 『왜 사람들은 이상한 것을 믿는가?』라는 책에서 심령술사, UFO 추종자, 외계인에게 납치된 사람, 냉동 보존학자, 영생주의자, 객관주의자, 홀로코스트 부정론자, 극단적 아프리카 중심주의자, 인종 이론가, 과학이 신을 증명한다고 믿는 우주론자 등 별의별 이상한 것들을 믿는 사람들을 많이 만나보고 나서, 사람들이 쉽게 믿는 이유를 5가지로 정리했다. 첫째, 믿고 싶어 하기 때문에. 둘째, 믿음은 즉석 만족을 주기 때문에. 셋째, 복잡하고 예측하기 어려운 세상살이를 단순하게 설명해주기 때문에. 넷째, 더 높은 존재에 대한 믿음이 없다면 도덕적이어야 할 이유가 없어서. 다섯째, 더 나은 수준의 행복과 만족을 찾는 영원히 마르지 않는 희망 때문에. 일리가 있다.

의혹에 휩싸여 사는 것보다는 믿고 사는 것이 훨씬 느낌이 좋고 편안하며 위로가 되는 게 사실이다. 복잡하고 예측하기 어려운 세상살이를 단순하게 설명해주고 긍정적으로 말해주면 기분이 상쾌해지고 희망이 솟구치는 것이 사실이다.

하지만, 나는 마이클 셔머가 말한 것보다 더 근원적인 이유가 있다고 생각한다.

첫째, 주변에서 일어나는 사건이나 현상들을 어떻게든 이해하고 설명하고자 하는 강한 의지 때문에 믿음이라는 사태가 빈번하게 일어나는 것이라고 생각한다. 인간이란 존재는 이해되지 않거나 모호한 것을 도무지 견디지 못한다. 일례를 보자. 밤에 지진이 발생한 지역 주민들에게 지진이 일어난 것을 알아차렸을 때 제일 먼저 한 행동이 무엇이냐고 물었다고 한다. 그러자 거의 모든 사람이 '뭘 해야 할지'를 이야기하기 전에 '무슨 일이 벌어진 것인가?' 하는 의문부터 들었다고 한다. 이것은 사람이 얼마나 사건의 원인을 알고 싶어 하는지, 사태의 성격을 파악하고 싶어 하는지를 보여준다.

사람은 이처럼 이해되지 않거나 모호한 것을 견디지 못하기 때문에 몇 가지만 눈에 띄면 대뜸 '이것이 그것이다'라고 규정해버리고 쉽게 믿어버린다. 예를 들어 기도한대로 몇몇 일이 이루어졌다고 해보자. 그러면 즉각 '기도는 반드시 응답된다' 고 강하게 확신하게 되고, 기도 만능주의자가 되어버린다. 깊이 따지고 보면 기도한대로 이루어지지 않은 일들이 더 많은데도 말이다. 아침 출근길에 기분 나쁜 일을 만났다고 해보자. 그리고 그날따라 일이 잘 풀리지 않았다고 해보자. 그러면 이 사람은 즉각 아침의 그 일 때문에 하루가 엉망이 되었다는 믿음의 가설을 세우고, 그런 일이 몇 번 반복되면 그 믿음은 확고해진다. 정직하게 살펴보면 아침에 기분이 나빴어도 일이 잘 풀리는 날이 더 많은데도 말이다.

둘째, 모든 결과에는 반드시 원인이 있다는 물리적인 세계관 때문이라고 생각한다. "아니 땐 굴뚝에 연기 나랴?"는 속담에서 확인하듯 원인 없는 결과란 있을 수 없다는 생각은 아주 오랜 뿌리를 갖고 있다. 유리 한 장이 깨져도 사람들은 왜 창문이 깨졌는지, 누가 깼는지부터 따지는 습성이 있다. 그러기 때문에 구체적인 원인을 찾을 수 없는 일을 만날 때에는 매우 불안해한다. 어떻게 하든지 원인을 찾으려고 안간힘을 쓴다. 그러다가 점쟁이를 찾아가는 경우도 많다. 그리고 점쟁이가 설명해주면 그대로 믿어버린다. 교회 안에서도 같은 일이 벌어진다. 기독교인의 경우엔 점쟁이의 말이 아니라 하나님의 뜻과 섭리에 모든 원인을 돌린다.

물론 인간사 대부분은 원인이 있기 마련이다. 투입input이 없는 산출output이란 있을 수 없다. 그런데 문제는 모든 인간사의 원인이 한 둘이 아니라는데 있다. 쌀 한 톨에도 우주가 담겨 있고, 일파가 만파인 법인데 어떻게 '이것이 원인'이라고 딱 부러지게 말할 수 있겠는가? 어떻게 B라는 원인 때문에 B¹이 발생했다고 단정할 수 있겠는가? 인간사를 조금만 성실하게 관찰해도 그렇게 말할 수는 없다. 또 모든 일에 원인이 있어야 하는 것도 아니다. 인과관계의 틀을 벗어난 일들도 얼마든지 있다. 삶에는 그 무엇으로도 설명할 수 없는 일들이 많다. 그런데 사람들은 여전히 모든 일에는 반드시 원인이 있다고, 한두 가지 원인 때문이라고, 그 원인만 바꾸면 결과도 바꿀 수 있다고 쉽게 믿는다.

셋째, 매사에 의미를 부여하려는 강한 의지 때문이라고 생각한다. 사람은 기본적으로 의미를 추구하는 존재다. 의미를 발견해야 의욕이 생기고, 행동력이 발동한다. 또 어떤 사건에서든 그 사건 속에 담겨 있는 의미를 발견해야 직성이 풀린다. 예를 들어 아이가 심하게 아팠다고 해보자. 그러면 부모는 대뜸 아이의 영양과 위생 관리에 어떤 허점이 있었는지를 살펴본다. 일차적인 원인을 찾는 것이다. 또 지난날 잘못 살아온 것이 없는가를 묻기도 한다. 도덕적 차원의 원인을 찾는 것이다. 한 걸음 더 나아가면, 이 일이 발생한 데에는 뭔가 의미가 있다, 우리가 들어야 할 어떤 메시지가 담거 있다고 생각하고 의미와 메시지를 찾기도 한다. 특히 하나님의 섭리를 믿는 그리스도인에게는 거의 예외 없이 이것이 내면화 혹은 습성화되어 있다. 그래서 사건이 일어날 때마다 회개할 거리를 찾거나 하나님의 메시지를 들으려 한다. 그리고 이렇게 사는 것을 믿음으로 사는 것이라고 생각한다.

이처럼 모든 것을 이해하고 설명하고자 하는 욕구, 원인을 찾고자 하는 욕구, 의미를 부여하고자 하는 욕구 때문에 믿음이라는 사태가 밑도 끝도 없이 벌어지고 있다고 생각한다. 물론 이런 욕구는 누구도 피할 수 없는 인간의 본성이다. 모든 피조물 중에 오직 인간만이 그런 걸 욕망하고, 또 그런 욕망이 있었기에 문명이 태동하고 발전할 수 있었다. 그래서 그런 욕망 자체를 문제시해서는 안 된다.

그렇다면, 진짜 문제는 뭘까? 그런 욕망 자체가 아니라 욕망의 과도함에 있고, 지나치게 쉬운 방법으로 재빨리 욕망을 채우려고 하는 성급함에 있다고 생각한다. 과도하고도 성급하게 사태를 설명하려 하고, 원인을 찾으려 하고, 의미를 발견하려 하기 때문에 단순하고도 쉬운 해답이 확신으로 작용하게 되는 것이고, 그 확신이 자라면서 믿음이 되는 것이고 결국, 거짓 해답에 불과한 믿음에 걸려 넘어지는 것이라고 생각한다.

그리고 무엇이든 수요가 있으면 공급이 따르는 법이다. 과도하고도 성급하게 사태의 원인과 의미를 알고자 하는 수요가 있으면 자연스럽게 거짓 해답들이 공급되는 법이고, 거짓 해답들을 뒷받침하는 믿음 체계가 개발되는 법이다. 지식사회요 과학기술사회인 오늘도 근거 없는 통념들과 속설들, 희한한 사이비 종교 집단들이 끊이지 않는 것도 실은 그런 수요가 있기 때문이다. 수요자들이 있기 때문에 공급 체계가 사라지지 않는 것이다. 더욱이 사람에게는 한 번 믿음 체계에 발을 들여놓으면 여간해서는 그 체계를 빠져나오지 못하는 치명적인 약점이 있다. 한 번 들여놓은 믿음 체계로 세계관이 형성되고 나면 그 믿음 체계를 빠져나온다는 것은 거의 불가능하다. 바로 이것이 믿음의 맹점이고 함정이다.

욕망을 정당화하고 부채질하는 종교

사실 '믿음'에는 우매에 빠질 위험성이 내재되어 있다. 믿음은 경험적 이성으로 포착하기 어려운 생명과 죽음, 죽음 이후, 삶의 근본적인 의미와 영적인 권세와 관련된 것들이 대부분이기 때문에 이성의 기능이 무력할 수밖에 없다. 그리고 이성의 판단 능력이 무력한 만큼 우매에 빠질 가능성은 항상 열려 있다고 할 수 있다. 하나님께서 십계명을 말씀하시면서 가장 먼저 우상을 섬기지 말라고 금하신 것도, 인간의 믿음 행위가 우상으로 떨어질 가능성이 크다는 것을 아셨기 때문이라고 생각한다. 물론 거의 모든 종교 안에는 삶과 죽음을 진지하게 묻고, 진리를 알고자 하는 구도求道의 일면이 있다. 하지만, 동시에 모든 종교 안에는 우상을 섬기는 일면이 있는 것도 사실이다. 기독교 신앙 안에도 우상숭배의 위험성이 내재되어 있다고 보아야 한다.

본래 성경이 말하는 '믿음'은 종교에서 말하는 믿음과는 다르다. 종교란 인간이 신神을 더듬어 찾는 것이고, 신神에 대한 정보를 통해 자신의 안위를 구하는 것이라고 할 수 있다. 그런데 하나님은 정반대의 길을 가셨다. 인간이 하나님을 더듬어 찾을 수 없기에 하나님께서 인간에게 자신을 알리셔야 했고, 위로부터의 은총을 통해 하나님의 알리심, 곧 계시를 깨닫게 해야 했다. 그리고 성경은 은총으로 말미암은 이 깨달음을 가리켜 '믿음'이라고 한다. 달리 그 사실을 표현할 방법이 없어서 가장 적절한 언어를 선택한 것이 바로 '믿음'이다. 그러니까 '믿음'은 종교적인 믿음 체계를 파괴하기 위한 하나님의 고육지책苦肉之策이었다고 할 수 있다. 우상숭배의 믿음체계를 파괴하기 위해 새로운 길을 여신 것이 바로 '믿음'이었다고 할 수 있다. 그런데 이스라엘 백성의 믿음조차도 종교적인 믿음체계를 부수기는커녕 우상숭배의 믿음체계로 떨어져 버렸다.

왜 그랬을까? 왜 모세가 자리를 잠시 비운 사이에 금송아지를 만들었을까? 왜 바알신앙의 유혹을 물리치지 못했을까? 이스라엘의 종교지도자들이 인간의 과도한 욕망 즉, 성급하게 사태를 설명하려 하고, 원인을 찾으려 하고, 의미를 발견하려 하는 백성의 욕망을 채워주고자 하는 유혹을 뿌리치지 못했기 때문이다. 인간의 이 뿌리 깊은 욕망을 뿌리치지 못했기 때문에 하나님의 말씀을 받은 저들마저도 인간의 욕망을 채워주는 창녀 노릇, 즉 우상숭배의 통로 역할을 하게 된 것이다.

행복에 대해서도 마찬가지다. 사람들의 마음속에는 돈과 성공을 통해 행복한 삶을 얻겠다는 뿌리 깊은 욕망과 환상이 숨어 있다. 그래서 사람들은 그 욕망과 환상을 지지하고 정당화해주는 권위와 믿음체계를 갖고 싶어 한다. 종교적 권위와 믿음의 체계가 돈과 성공을 인정해주고 격려해주면 돈과 성공의 어두운 면과 자신의 탐심을 감출 수 있을 테니까 말이다. 그래서 모든 종교는 지금까지 그런 일을 충실히 담당해왔다. 교회 또한 예외가 아니었다. 그리스도인도 대부분 돈과 성공을 욕망한다. 때문에 교회도 돈과 성공은 하나님의 축복이라는 믿음 체계를 제공해왔다. 하나님이 축복하시는 분이라는 것, 하나님이 돈과 성공의 공급자이시며 하나님을 사랑하는 자에게 돈과 성공을 주시는 분이시라는 것을 반복해서 이야기해왔다. 대부분 그리스도인이 교회를 통해 확인받고 싶어 하는 것이 바로 돈과 성공의 정당성이었기 때문에 목회자들도 기꺼이 돈과 성공에 하나님의 세례를 베풀어주었다. 그리하여 성도들은 교회가 제공해준 믿음 체계 안에서 마음껏 돈과 성공을 찾아 나설 수 있었고, 돈과 성공을 하나님의 축복이라 여기며 감사할 수 있었다.

조금 다른 설명을 하나 들어보자. 회의주의자인 마이클 셔머는 중세 유럽의 마녀 광풍을 몰고 온 기초적인 메커니즘을 닫힌계를 통한 정보의 순환, 즉 '되먹임 고리'라고 말했다. 믿음의 치명적인 약점 또한 되먹임의 고리에 쉽게 말려든다는 점이라고 말했다.『왜 사람들은 이상한 것을 믿는가』

헌신을 생각해보자. 교회라는 닫힌계 안에서 계속 하나님의 일에 대한 헌신을 강조하고, 헌신을 최고의 미덕이라 추켜세우고, 헌신한 자들을 칭찬해주는 되먹임 고리가 형성되면 공동체의 모든 구성원은 누가 많이 헌신하는가를 경쟁하는 묘한 분위기에 휩쓸리게 된다. 헌신에 대한 모방 욕망이 자극되고, 서로 헌신하려는 자발적인 움직임이 일어나며, 헌신한 자들은 공동체 안에서 인정을 받고 위상이 올라가는 것을 확인하는 기쁨을 얻는다. 필자는 지금

헌신을 나쁜 것이라고 말하는 게 아니다. 헌신이라는 귀한 삶조차
도 되먹임의 고리에 휘둘릴 수 있다는 사실을 지적하는 것뿐이다.

돈과 성공도 마찬가지다. 교회 안에서 계속 돈과 성공을 하나님
의 이름으로 축복해주고, 그런 자들이야말로 하나님의 축복을 받
은 자들이라는 되먹임의 고리가 형성되면, 모든 성도는 다시는 부
와 성공의 이면과 자신의 탐심을 보지 않게 된다. 오직 하나님의
이름으로 돈과 성공을 추구하는 분위기가 형성되고, 부자와 성공
한 자들을 모방하려는 욕망이 분출된다. 그리고 부자와 성공한 자
들은 당당하게 축복을 만끽하게 된다. 이처럼 이성과 상식으로는
이해할 수 없는 일들이 당연한 것이 되고 주류가 되는 것은 이런
되먹임의 고리가 작동하기 때문이다.

신앙과 이성

앞서 말한 것처럼 믿음의 세계는 경험적 이성으로 포착하기 어
려운 세계와 맞닿아 있다. 그러기 때문에 이성이 제 기능을 하기가
매우 어렵고, 이성이 제 기능을 하기가 어려운 만큼 되먹임의 고리
에 갇히기도 쉽고, 또 되먹임의 고리에 갇히기 쉬운 만큼 왜곡되기
도 쉬는 것이 사실이다. 하지만, 건강한 신앙, 하나님의 은총으로
밝혀진 신앙은 이성을 거부하거나 외면하지 않는다. 예수님은 이
성이 제 역할을 할 수 있도록 깨우고 구원하지 절대 억압하지 않는

다. 성경이 말하는 진리는 이성을 소외시키거나 길들이지 않는다. 진리는 언제나 이성과 동반하면서 이성을 일깨운다.

바울은 지식 없는 신앙이 얼마나 위험천만한지를 친히 경험한 사람이다. 유대인의 관습에 따라 이해한 율법으로 말씀의 화육이 신 그리스도와 그리스도인들을 죽이는데 앞장섰던 자신의 과거를 통해 지식 없는 신앙의 열심이 얼마나 무서운 폭력이 될 수 있는지를 통절히 체험한 사람이다. 그래서 바울은 올바른 지식이 없는 신앙의 열심을 경계했다.롬10:2 사랑도 지식과 통찰력이 겸비되어야 풍성해질 수 있고, 분별 있는 사랑을 할 수 있다고 말했다.빌1:9 그리스도인은 지식에까지 새로워진 자라고 했다.

옳다. 하나님의 구원은 전인적이요 총체적이다. 전인과 온 삶이 하나님의 구원에 참여하는 것이 기독교 신앙이다. 물론 우리의 구원이 ‘이미’와 ‘아직은 아님’already-not yet이라는 긴장점에 놓여 있고, 이성 또한 온전한 구원에 참여한 것이 아니므로 신앙과 이성이 완전히 일치할 수는 없다. 이성으로 신앙을 충분히 포착할 수도 없다. 신앙과 이성 사이에는 긴장이 있을 수밖에 없다. 신앙은 이성을 왜곡하거나 억압하기 쉽고, 이성은 신앙의 세계를 거부하거나 오해하기 쉬운 게 사실이다. 주님 오시는 그날까지는 이런 긴장이 계속될 수밖에 없다. 하지만, 그런 긴장에도 이성이 구원에 참여하고 있다는 것은 부인할 수 없는 진실이다. 그리고 이성이 구원에 참여한 이상 신앙으로 이성을 억압하거나 배제해서는 안 된다. 신앙은 언제나 이성의 구원을 촉진하고 환영해야 한다. 이성의 구원을 촉진하거나 환영하지 않는 신앙은 되먹임의 고리에 가두기 위한 음험한 획책일 뿐 참된 신앙의 행위일 수 없다. 그렇다. 신앙으로 이성을 억압하는 것은 우상숭배를 획책하기 위한 술책일 가능성이 크다.

미국의 천체 물리학자 칼 세이건은 「회의주의자가 짊어진 부담」이라는 제목의 강연1987년 패서디나 강연에서 열린 마음과 회의하는 마음 사이의 긴장에 대해 말했다. "상충하는 두 가지 욕구 사이에 절묘한 균형이 필요하다고 생각합니다. 다시 말해서 우리 앞에 차려진 모든 가설을 지극히 회의적으로 자세히 검토하는 것과 아울러, 새로운 생각에도 크게 마음을 열어야 한다고 생각합니다. 만일 여러분이 회의에만 머문다면, 여러분은 어떤 새로운 생각도 보듬지 못하게 됩니다. 새로운 것은 아무것도 배우지 못한 채 이 세상을 비상식이 지배하고 있다고 확신하는 괴팍한 노인네가 될 것입니다. 다른 한편으로, 귀가 가볍다 싶을 정도로 지나치게 마음을 열면, 그리고 회의적인 감각을 터럭만큼도 갖추지 못한다면, 여러분은 가치 있는 생각과 가치 없는 생각을 구분하지 못하게 됩니다.

모든 생각이 똑같이 타당하다면 여러분은 길을 잃고 말 것입니다." 옳다. 우리가 길을 잃지 않고 진실과 진리에 나아가려면 회의하는 마음과 열린 마음 사이의 절묘한 균형이 필요하다. 참된 구원의 세계, 하나님나라의 세계에 나아가는 것도 마찬가지다. 열린 믿음과 냉철한 이성의 절묘한 균형이 없으면 안 된다. 주님은 이런 긴장의 끈을 놓지 않는 걸 가리켜 '깨어있음'이라 했다. 그런 면에서 교회는 항상 깨어 있어야 한다. 교회가 아무리 하나님의 말씀의 빛을 소유했다 하더라도 열린 믿음과 냉철한 이성의 절묘한 균형을 잃으면 계시의 빛은 사라지고 종교의 권위만 덩그러니 남게 될 테니까. 구원의 통로가 되기보다는 구원을 가로막는 걸림돌이 될 테니까. 인간의 욕망을 정당화해주는 종교적인 창녀 노릇을 하게 될 테니까. 거짓 행복을 파는 종교적인 장사꾼이 될 테니까.

서두에서 말한 것처럼 신앙은 행복으로 나아가는 첩경이다. 구원의 세계로 들어가는 문이다. 하지만, 동시에 맹목에 빠지기 쉽고, 되먹임의 고리에 갇히기 쉬운 치명적인 약점이 있는 것도 사실이다. 모든 종교나 교회의 역사를 보아도 그렇다. 믿음이 정상적으로 작동하기보다는 이면의 약점에 함몰된 적이 많았다. 믿음이 수탈의 도구가 되기도 했고, 인간의 욕망을 합법화하고 부채질하는 도덕적 세탁의 통로가 되기도 했다. 하지만, 부끄러운 믿음의 역사에도 불구하고 진실은 변하지 않는다. 믿음은 구원의 길이다. 믿음은 삶의 길이다. 참된 믿음처럼 아름답고 고상한 것은 없다. 참된 믿음처럼 행복을 지지해주는 것은 없다. 참된 믿음처럼 이성을 일깨우는 것은 없다. 참된 믿음처럼 존재와 삶의 변혁을 고취하는 것은 없다. 참된 믿음처럼 큰 축복은 없다. 믿음이 맹목의 함정에 빠지지 않고, 되먹임의 고리에 갇히지만 않는다면 믿음은 위대한 축복이요 은총임이 틀림없다.

마지막으로 경계를 위해 말하고 싶다. 믿음에는 두 종류가 있다. 은총으로 말미암은 믿음과 인간의 과도하고도 성급한 욕망에 기생하는 믿음. 은총으로 말미암은 믿음은 삶의 진실을 보게 하고 거짓의 정체를 보게 한다. 우리 안에 있는 이성, 창조성, 도덕성, 민감성, 예술성, 연대성, 자유의지를 일깨운다. 하나님나라의 삶을 살도록 추동한다. 반면에 인간의 과도하고도 성급한 욕망에 기생하는 믿음은 삶의 진실을 보지 못하게 감춘다. 이성을 어둠에 방치한다. 우리 안에 있는 이성, 창조성, 도덕성, 민감성, 연대성, 자유의지를 잠재운다. 믿음 지상주의, 신앙 환원주의를 강화한다. 우상숭배를 추동한다.

18 문명과 행복

인간은 동물과 달리 단순 반복을 몹시 싫어하고 경멸한다. 끊임없이 질문하고 해결 방법을 찾으며 단순 반복이 아닌 새로움을 추구한다. 우리가 사는 21세기의 찬란한 문명도 따지고 보면 인간의 그런 천성, 즉 타고난 호기심과 상상력이 일구어낸 결과물이라 할 수 있다. 수많은 역경과 실패, 존재의 위기를 몰고 온 역병과 전쟁, 생명의 터전을 무섭게 할퀴는 자연재해에도 인간의 문명이 발전에 발전을 거듭해 온 것은 단순 반복을 싫어하는 인간의 천성 덕분이라 할 수 있다. 그래서일까? 우리 안에는 '발전은 유익하다'는 믿음, '새로운 것은 좋은 것'이라는 믿음, '문명은 야만보다 인간적'이라는 믿음, '과학기술은 결국 유토피아를 가능케 할 것'이라는 믿음이 똬리를 틀고 있다. 무궁한 발전을 의심하거나 발전의 미덕을 의심하는 사람은 거의 없다. 그래서 우리는 오늘도 발전이라는 믿음과 희망을 향해 매진하고 있다.

포악한 문명의 실패한 승리 🦋

그러나 문명의 정점에 선 오늘 이러한 믿음은 흔들리고 있다. 발전은 정말 유익한 것인지, 문명이 야만보다 인간적인지에 대해 심각한 의문이 제기되고 있다. 1841년에 고래를 잡는 포경선에 올라 타히티를 향해 출발했다가 뜻하지 않은 상황을 만나 18개월 동안 남태평양 섬사람들의 야만적인 삶을 목도했던 『백경』의 소설가 하먼 멜빌은 19세기 중반에 이미 "문명은 한 가지 편의를 알려 줄 때마다 백 가지의 악을 감춘다"라며 문명의 그림자를 날카롭게 비판한 바 있다. 20세기 영국의 여류 소설가 아이리스 머독은 "문명과 진리를 다 가질 수는 없다"라는 경구로 문명의 비진리성을 폭로했다.

미국의 매칼래스터 대학교의 인류학과 교수인 잭 웨더포드는 『야만과 문명, 누가 살아남을 것인가?』라는 도전적인 책에서 야만과 문명을 새롭게 조명하고 있다. 그는 세계적인 도시문명의 한복판에서 득실거리는 야만을 열거하면서 이렇게 일갈했다. "문명civilization이라는 낱말이 도시city에서 유래했고, 또 야만savage라는 낱말은 '숲'을 나타내는 라틴어에서 유래했지만, 가장 야만적인 생활방식은 이제 우리의 가장 현대적인 도시 한가운데에서 발견된다. 문명은 우리가 한때 원시 부족에게 뒤집어씌웠던 것보다 훨씬 더 나쁜 야만을 만들어냈다. 문명은 문명이 품고 있던 최악의 두려움을 현실로 만들어냈다. 문명 스스로 수천 년 동안 두려워하며 남에게 투사시켰던 바로 그 야만을 만들어내 버린 것이다. 야만은 문명 내부에 자리 잡았다. 문명은 야만을 만들고 북돋아 준다. 도시의 중심부는 새로운 변방 지대가 되었다"며 문명의 야만성을 질타했다.

그러면서 잭 웨더포드는 야만을 바라보는 우리의 시선이 이제는 달라진 사실에 대해서도 이야기했다. "빅토리아 시대와 현대의 초기에 머나먼 섬의 이국적인 사람들은 서양에서 찾아볼 수 없었던 여가와 성의 자유를 상징했다.… 최근 들어 서양인들은 노스다코타 주나 남부 브라질의 부족민이 정신적인 측면을 더 많이 지니고 있고 또 주위의 물리적인 세계와 주파수가 좀 더 잘 맞는 것으로 생각하게 되었다. 성적·예술적 자유를 나타내기보다는 환경주의와 정신세계를 나타내게 된 것이다." 사실이다. 지금까지 야만인으로만 그려졌던 인디언이 영화 '늑대의 후예들'이나 '아바타'에서 자연과 깊이 교감을 하는 최고의 영성가요 지혜자로 그려지는 것에서도 그런 흐름을 읽을 수 있다.

그렇다면, 다시 새롭게 물어보자. 문명과 야만은 과연 어떤 차이가 있을까? 야만은 미개이고 문명은 발전일까? 우리가 지금껏 믿어온 대로 야만은 불행이고 문명은 행복일까? 스웨덴 출신의 언어학자 헬레나 노르베리-호지가 오래전에 쓴 『오래된 미래』를 보면, 발전과 문명에 대한 우리의 굳센 믿음이 사실은 지나친 편견에 불과한 것일 수도 있음을 발견하게 된다. 그녀가 라다크를 처음 방문한 것은 동양언어학과의 학위 논문을 준비하던 1975년이었는데, 그때 서부 히말라야 고원에 자리 잡은 티베트의 작은 도시 라다크는 빈약한 자원과 혹심한 기후에도 웃음과 배려가 넘쳐나는 아름다운 공동체, 검소하면서도 서로 돕는 생활태도와 유머가 그치지 않는 곳, 티베트 불교문화에 기초한 생태적 지혜로 천 년 넘게 평화로운 공동체를 유지해온 곳이었다. 그들은 물질적으로 풍족하지 않았지만 아무도 가난하다고 느끼지 않았다. 다들 가족적이고 공동체적인 삶 속에서 정서적인 안정을 누리고 있었다. 라다크는 낭비도 오염도 없는 사회, 범죄는 사실상 존재하지 않고, 공동체는 건강하고 튼튼하며, 십 대 소년이 극히 자연스럽게 어머니나 할머니에게 유순하고 다정스럽게 대하는 사회, 여성들과 아이들과 노인들이 존경받는 사회였다. 라다크 사람들에게 가장 심한 모욕이 '화를 잘 내는 사람'이라고 할 만큼 그들의 생활 어디에서도 공격적인 언사를 찾아보기 어려운 사회였다.

그런데 그녀가 머문 16년 동안 라다크에는 서구식 개발의 기운이 밀어닥쳤다. 여기저기에 건설 붐이 일었고, 돈벌이를 위해 고향을 떠나는 젊은이들이 늘어났다. 자급자족하던 사람들도 점차 물건을 사려면 돈의 필요를 느끼게 되었고, 거짓말을 하는 일과 사회적인 분열이 발생하기 시작했다. 자연환경이 훼손되고, 난데없는 인플레이션과 실업이 등장하고, 서구 문화에 대한 맹목적인 선망의 기운이 사람들의 마음을 휩쓸었다. 그녀는 라다크가 오랜 세월 동안 유지해온 생태적 균형과 사회적 조화가 산업주의의 압력을 견디지 못하고 붕괴하는 것을 지켜보았다. 그리고 이렇게 탄식했다. "테베트 고원의 '원시적인 문화'가 우리의 산업사회에 가르쳐 줄 것이 있다는 것은 터무니없는 일로 보일지 모른다. 그렇지만, 우리에게는 우리 자신의 복잡한 문화를 더 잘 이해할 수 있게 해주는 기준선이 필요하다. 라다크에서 나는 진보 때문에 사람이 땅에서, 서로에게서 그리고 궁극적으로 자기 자신에게서 분리되는 것을 보았다. 나는 원래 행복했던 사람들이 서구적 규범에 따라 살기 시작하면서 그들의 평온함을 잃어버리는 것을 보았다."『오래된 미래』 노르베리–호지는 라다크의 어제와 오늘을 보면서 문명의 허상을 보았다. 발전이라는 믿음이 환상에 불과한 것일 수도 있다는 것을 보았다. 그리고 오래된 과거가 오히려 진정한 미래가 될 수 있다는 놀라운 역설을 깨달았다.

미국의 사회학자요 문명 비평가였던 스코트 니어링은 문명에 대한 우리의 믿음과 문명의 실상이 얼마나 다른지를 다음과 같이 비판했다. "문명사회 초기 체제가 문명의 자연스러운 발달로 경제, 정치, 군사 제도를 발달시킬 때 사람들은 꿈을 이루었다고 굳게 믿었다. 부를 쌓고 권력을 얻는 극심한 투쟁이 인류를 약속의 땅으로, 조화로운 삶으로 이끌 것이라고 또한 믿었다. 그러나 세계 곳곳에서 몇 천 년에 걸쳐 수없이 많은 이들이 시간과 힘을 바쳐 문명사회를 일구었지만, 그 결과는 오로지 갈등, 좌절, 재앙, 파괴뿐이었다. 그밖에 어떤 결과가 있을 수 있단 말인가? 문명은 팽창하는 본성을 가지고 있다. 팽창은 호전성을 가지고 있어 경제, 군사 면에서 충돌을 일으킨다. 이어지는 전쟁들이 전쟁 제조기가 되어 정부를 마음대로 주무르고 정부를 앞세워 군사 긴장을 불러일으킨다. 경쟁하는 군국주의는 끝내 스스로 멸망하고 만다. 따라서 결론은 이렇다. 문명은 사회의 자살 행위이다." 『그대로 갈 것인가 되돌아갈 것인가』

  잭 웨더포드는 한 때는 문명의 중심지였지만 지금은 사라져버린 캄보디아의 앙코르와트, 볼리비아의 티아우아나코, 영국의 스톤헨지, 아프리카의 짐바브웨 유적지, 멕시코의 약스칠란을 거명하면서 문명의 취약함을 상기시킨다. "현재로서는 문명이 다른 모든 생활방식을 제치고 승리자로 떠오른 것 같다. 문명인은 전 세계의 부족민을 죽이거나 흩어지게 함으로써 그들을 쳐부수었다. 그러나 문명이 승리감에 도취한 듯이 보이는 바로 이 순간, 문명이 외적을 모두 쳐부수고 스스로 세계의 주인이 된 이 순간, 문명과 맞설 경쟁 체제가 남지 않은 바로 이 순간, 문명은 이제까지 그 어느 시기보다도 더 중대한 위험에 처하게 된 것 같다. 문명은 외적에 대한 두려움이 모두 사라진 지금, 내부의 적에 더욱 취약해 보인다. 자기 자신의 성공에 의한 희생자가 되는 것이다."「야만과 문명, 누가 살아남을 것인가」 그는 문명의 취약함뿐 아니라 문명의 포악함에 대해서도 말한다. "문명은 주도권을 확립하기 위해 숲을 한 입씩 베어 먹고, 토양을 착취하고, 평원을 벗겨버리고, 강을 막고, 산을 파내고, 바다를 오염시키고, 공기를 더럽혔다. 발전을 위한 과정에서 문명은 동물과 식물 종을 하나씩 하나씩 멸종시켜 버렸다."

바로 이것이 우리가 뽐내는 문명의 실상이다. 그렇다면, 앞선 질문을 다시 생각해보자. 문명은 발전이고 야만은 미개일까? 문명은 행복이고 야만은 불행일까? 우리가 지금까지 굳게 믿어왔던 그 확신이 과연 진실일까? 그리고 한 가지 더, 문명과 야만 중에 어느 쪽이 최종 승자가 될까? 물론 지금까지는 문명의 포악함이 야만의 무력함을 짓밟고 승리를 구가해왔다. 하지만, 문명이 과연 최종 승자가 될 수 있을 것인지는 좀 더 지켜보아야 한다. 문명의 포악함은 결국 문명 자체를 파괴하는 데까지 나아갈 수도 있을 테니까 말이다.

발전의 필연과 미덕, 그리고 함정

물론 발전은 인간에게 있어 필연必然이다. 인간은 다른 피조물과 달리 묻고 탐구하고 창조하는 이성적 존재로 지음 받았기 때문에 본능을 따라 살 수는 없다. 어제를 단순 반복하면서 살 수도 없다. 묻고 생각하며 진실을 알고자 하는 호기심으로 가득한 존재는 어제와 다른 오늘을 살아야만, 모든 것을 알아야만, 자기 존재의 의미와 가치를 발견해야만 살 수 있다. 그래서 인간에게 발전은 선택이 아닌 필연이다. 발전은 인간에게만 주어진 특권이면서 동시에 결코 벗어날 수 없는 운명이다. 그리고 문명의 발전이 갖가지 묶임과 두려움으로부터 인간을 해방해준 것도 사실이다. 육체노동의 고역으로부터, 생존의 위협에 대한 두려움으로부터, 질병과 자연재해에 대한 공포로부터, 굶주림의 고통으로부터 인간을 해방해준 것도 사실이고, 인간의 삶을 고양해온 것도 부인할 수 없는 객관적 진실이다. 그런 면에서 발전은 미덕으로 칭송받을 만하다.

하지만, 대면하기 거북한 문명의 어두운 이면 또한 보아야 한다. 문명의 발전이 생명과 삶을 어떻게 위협하고 있는지를 보아야 한다.

첫째, 발전의 속도가 지나치게 빨라졌다는 사실 자체가 삶을 소외시키고 있다. 잘 아는 것처럼 새로운 과학기술의 융합이 일어나면서 생활의 모든 것이 과학기술을 응용한 기계의 지배를 받고 있는데, 그 발전의 가속도가 워낙 빠르다 보니 생활이 기계의 발전 속도를 따라가지 못하고 있다. 과거에는 인간이 과학기술의 발전을 끌고 갔지만, 지금은 과학기술이 인간과 생활을 끌어가고 있다. 그러다 보니 발전의 속도를 따라가지 못하는 자들은 심리적인 소외와 경제적인 소외를 당하고 있다. 필자만 해도 기계의 발전 속도를 따라가지 못해 허덕이고 있다. 단지 허덕이는 게 아니라 시대에 뒤처진 퇴물이 된 것 같은 처연한 심정이 들 때가 있다.

둘째, 첨단과학기술로 무장한 전문가의 도움 없이는 생활 자체가 불가능한 생활 불구자들이 되었다. 냉장고가 고장 나도 전문가를 불러야 하고, 인터넷이 연결되지 않아도 전문가를 불러야 한다. 심지어 수도꼭지 하나에 문제가 생겨도 전문가를 불러야 한다. 이처럼 전문 분야별로 생활이 분절되다 보니 삶에 대한 총체적 경험과 이해에도 한계가 있을 수밖에 없다.

셋째, 생태계가 무너지고 있다. 오늘의 과학기술문명은 생태계가 공급할 수 있는 능력 이상의 에너지를 사용하는 에너지 과용 사회, 자연이 해독할 수 있는 자정능력을 넘어서는 유해물 과다 배출 사회를 만들었고, 에너지 과용과 유해물 과다 배출로 말미암은 생태계의 고통이 인간에게로 향하고 있다. 지구촌을 한꺼번에 파멸시킬 수 있는 핵무기를 손에 쥐고 힘겨루기를 하는 인간의 문명은 실로 위태로워 보인다.

넷째, 인간을 해방한 과학기술이 지금은 인간의 자유를 구속하고 있다. 누구나 들고 다니는 휴대전화만 해도 그렇다. 휴대전화는 때와 장소를 가리지 않고 울려댄다. 대화를 나눌 때에도, 공부할 때에도, 기도할 때에도, 산책할 때에도, 여행할 때에도, 밥 먹을 때에도, 예배할 때에도 쉬지 않고 울려댄다. 휴대전화는 이제 해방이 아니라 끔찍한 구속이 되었다. 그렇다고 휴대전화 없이 살기도 쉽지 않다. 이제 인간은 점차 문명의 이기에 종이 되어 가고 있다. 특히 컴퓨터의 노예가 되어버린 젊은이, 24시간을 손안의 기계와 함께 사는 사람들, 기계와 기술에 적응하기 위해 애쓰는 사람들을 보노라면 그런 푸념과 탄식이 절로 나온다.

이처럼 인간에게 허락된 특권이요 필연인 발전이 이제는 인간과 생태계 전체를 위협하는 폭력으로 돌변하고 있다. 존재와 삶을 소외시키고, 인간됨의 본질인 자유를 끔찍할 정도로 위협하고 있다.

과학기술사회의 모순과 역설 ✿

누군가는 필자가 지나치게 비판적이고 비관적이라고 생각할지 모르겠다. 지나온 역사에서처럼 인간은 오늘의 비관적인 상황도 능히 극복해낼 것이라고, 누구도 꿈꾸지 못한 새로운 해답을 찾아내고야 말 것이라고 말할지 모르겠다. 물론 그럴지 모른다. 그럴 가능성이 전혀 없다고 말할 수도 없다. 하지만, 나는 문명의 발전을 그리 신뢰하지 않는다. 과학기술의 발전이 삶의 근원적인 문제와 현실적인 문제를 해결해낼 것이라고 기대하지 않는다.

자끄 엘륄은 매우 비관적으로 오늘의 문명사회를 바라보았다. 그는 『기술의 역사』에서 오늘의 문명을 가능케 한 과학기술의 성격이 과거와는 근본적으로 다르다고 말한다. 18세기 후반과 19세기를 기점으로 과거와는 전혀 다른 기술이 출현했다고 말한다. 이전의 전통적인 기술은 제한된 분야에 한정되어 있었고, 특정한 지역의 경계를 넘지 않았고, 섬광처럼 잠시 발전하다가 잊히는 경우가 많았고, 개인의 선택에 의해 제한되었던 데 비해 새로운 기술은 이러한 모든 제한성을 벗어버렸다는 것이다. 다양한 영역에서의 기술들이 서로 연결되기 시작했고, 국경을 넘어 전 세계가 하나의 기술로 통일되었으며, 세대의 단절 없이 계속되고 있고, 기술에 대한 개인의 선택이 점점 불가능해지고 있다는 것이다. 그래서 엘륄은 기술메커니즘이 점차 인간의 개성이나 의지, 기호, 취향 등을 배제하고 순수 기술적인 방식을 통해서만 수단이 결정되는 기술의 자율성을 문제 삼고 있다. 기술이 우리를 자유롭게 하리라는 희망과는 반대로 인간의 모든 개성과 선택의 자유를 억압하는 방향으로 움직이고 있다고 비판한다. 사람들이 점점 기계의 부속품으로 전락하고 있으며, 기술이 지배하는 체계의 노예로 살고 있다고 비판한다. 그러면서 엘륄은 모두가 과학기술을 낙관하는 이 시대에 예언자적 통찰력을 가지고 도전한다. 기술을 택할 것인가? 자유를 택할 것인가?

지난 시절 우리는 문명의 발전이 행복한 삶을 보장해 줄 것이라고 순진하게 믿었다. 행복은 문명의 옷을 입고 다가온다고 생각했다. 문명은 행복이고, 야만은 불행이라고 생각했다. 그리고 그 믿음대로 발전에 발전을 거듭하며 여기까지 숨 가쁘게 달려왔다. 하지만, 문명의 정점에 선 오늘 우리는 새로운 진실을 발견하고 있다. 문명과 야만의 거리가 그리 크지 않다는 것을. 야만보다 더 참담한 야만이 문명 속에 깃들어 있다는 것을. 발전이라는 걸음을 멈

추지 않으면 문명의 승리는 결국 실패한 승리가 될 가능성이 크다
는 것을. 발전이 더는 행복의 밑거름이 되기 어렵다는 것을. 발전
이 오히려 자유와 행복을 짓밟는 무서운 폭력이 될 수 있다는 것
을. 지난 시절 우리의 믿음이 너무도 순진했다는 것을.

그렇다. 이제는 끝없는 발전과 진보에 대한 믿음을 재검토해야
한다. 발전의 미덕만을 칭송하며 문명의 발전을 신앙처럼 추구해
왔던 지금까지의 관성을 멈추어야 한다. 인간의 자유와 행복을 위
협하고 생태계 전체를 파멸에 이르게 하는 문명의 포악성을 깊이
인식하고, 끝없는 발전에의 믿음과 희망에 재갈을 물려야 한다.

생각해보라. 죽음으로 치닫는 발전이 무슨 의미가 있겠는가?
존재와 삶을 소외시키는 문명을 위해 헌신할 이유가 어디 있겠는
가? 예부터 '지나친 것은 부족한 것보다 못하다'過猶不及고 했다.
그런데 우리가 지금 그 상황에 처해 있다. 인간의 본성에서 발현되
는 발전의 필연에 항거하면서 발전의 가속도에 브레이크를 밟아야
하는 운명적인 시점에 서 있다. 있는 힘껏 브레이크를 밟아야 하는
벼랑 끝에 서 있다.

어떻게 해야 할까? 문명의 발전이라는 인간적 필연과 인간적인
필연에서 발생하는 삶의 모순을 어떻게 해야 할까? 문명의 옷에
짓눌려 질식하는 우리의 삶과 행복을 어떻게 해야 할까? 길이 없

지는 않다. 발전을 포기할 수는 없지만, 발전의 방향을 전환하면 된다.

생활의 발전에서 삶의 발전으로, 과학기술의 발전에서 인간됨의 발전으로, 죽임의 문명에서 살림의 문명으로, 성공에서 행복으로 발전의 방향을 전환하면 된다. 근대 산업혁명 이후 지금까지 지속한 문명의 흐름을 전환하면 된다. 가치관과 믿음과 삶의 문법을 전환하면 된다. 경쟁에서 승리하는 능력을 키우는 교육에서 나눔과 연대의 능력을 키우는 교육으로 전환하면 된다. 무기를 개발하는 데 투입하는 돈과 에너지를 평화와 복지를 개발하는데 투입하면 된다. 우리 각 사람이 인간성과 삶을 보호하고 관계를 살찌우는 것이 아닌 발전은 백해무익하다는 사실을 깊이 유념하고, 발전과 문명의 방향을 전환하는 작은 행동에 나서면 된다. 거꾸로 강을 거슬러 오르는 연어들처럼 현재의 문명의 강을 거슬러 오르면 된다. 문명사적 대전환을 하면 된다. 이것은 오늘의 젊은 세대가 짊어져야 할 중대한 책임이다.

삶이란 참 묘하다. 행복이란 참 묘하다. 국민의 소득 수준이 높아지면 처음에는 행복지수가 급속히 상승하다가도 소득 수준이 어느 정도를 넘어서면 그때부터는 소득이 증대되어도 행복지수가 별로 높아지지 않는 것처럼 잉글하트의 경제효용체감 곡선, 문명의 발전도 어느 정도까지는 삶에 도움이 되지만 어느 정도를 넘어서면 그때부터는 삶을 소외시키고 존재와 삶의 토대인 생태계 자체를 갉아먹는 폭력이 되니 말이다. 찬란한 도시문명 속에 야만이 독버섯처럼 기생하듯 오늘의 과학기술 속에 존재 파멸의 기운이 기생하고 있으니 말이다. 문명의 옷이 정신을 잃어버리게 할 만큼 찬란하고 아름답지만, 그 옷도 지나치게 많이 걸치면 그 안에서 삶과 행복이 질식하니 말이다.

삶은 읽어가는 길

아주 솔직하게 말해야겠다. 삶이란 성취가 아니다. 뭔가를 성취해가는 과정이 곧 삶이고, 그 과정 속에서 보고 경험하는 것들이 삶이지 성취가 삶일 수는 없다. 행복도 마찬가지다. 행복도 성취의 과정에서 맛보는 순간의 은총이지 성취의 결과물 속에 담보된 무엇이 아니다. 삶과 행복은 쌓아놓을 수 있는 그 무엇이었던 적이 없다. 삶이란 단지 보고 경험하는 것일 뿐이다.

삶은 호수보다는 강에 가깝다. 물을 저장하는 호수보다는 끝없이 흘러가는 강이 삶의 본질에 훨씬 가깝다. 얼핏 생각하면 보고 경험한 것은 아무것도 손에 잡히는 것이 없는 것처럼 보인다. 바람이 스치고 지나간 것처럼. 하지만, 조금만 깊이 생각해보면 전혀 다른 세계가 보인다. 보고 경험하는 것이야말로 삶을 풍성하게 하는 진정한 자산이라는 진실이 보인다.

진실의 조각을 살펴보자. 돈 천억을 모았다고 해서 삶이 풍성해지지는 않는다. 땅을 많이 갖고 있다고 해서 삶이 살아나지는 않는다. 아파트 평수가 넓다고 해서 삶이 아름답게 꽃피지는 않는다. 돈이 많으면 생활과 소비는 절로 풍부해질 수 있겠지만, 돈이 많다고 해서 삶이 절로 풍성해지지는 않는다. 옳다. 삶이란 그렇게 일차원적이지 않다. 하나님은 일차원적이고 시시한 삶을 우리에게 주신 적이 없다. 삶은 황혼의 아름다움에 넋을 잃고, 모차르트의 음악에 몸이 젖을 때 피어난다. 풀잎을 스쳐온 바람이 콧등을 간질일 때 삶은 바람처럼 다가온다. 생명의 신비가 눈에 들어올 때 삶은 반짝인다. 오랜 친구가 멀리서 안부를 전해올 때 삶은 행복에 휘감긴다. 진실로 그렇다. 삶을 풍성하게 하고 아름답게 하는 길은 눈에 보이는 성취의 결과물을 축적하는 데 있지 않다. 삶의 속살을 보고 삶의 다양한 은총을 경험하는 데 있다.

삶이란 상상할 수 없을 만큼 넓고 깊고 높다. 하나님의 존재만큼이나 심오하고, 하나님의 창조만큼이나 광대하고 다채롭다. 하나님은 인간의 레이더망에 포착되지 않는 영원한 타자요 영원한 신비이다. 그분은 자신을 계시하시지만 동시에 은폐하신다. 그분은 있다가도 없고, 없다가도 있는 분으로 존재하신다. 삶 또한 그렇다. 우리는 하나님의 지혜에서 흘러나오는 삶을 결코 포착할 수 없다. 단지 삶을 살 뿐이고, 삶의 진실을 조금씩 발견해갈 뿐이지 그 이상 어떻게 해볼 수가 없다. 삶은 우리의 의지대로 조종되지도 않는다. 삶은 우리의 뜻에 복종하지도 않는다. 삶은 우리의 창고에 저장되지도 않는다. 우리가 숨을 쉬고 있지만, 공기를 손에 쥘 수도, 저장해놓을 수도 없는 것처럼.

삶은 책이다

다시 말하지만, 삶은 쌓는 것이 아니다. 삶은 소유하는 것이 아니다. 삶은 단지 흐르는 강물과 같은 것이다. 삶은 단지 사는 것이다. 그런데 한 번 더 생각해보면 삶은 단지 사는 것만이 아니다. 삶은 사는 걸 넘어 읽는 것이다. 창조주 하나님과 인간과 온 세상을 찬찬히 읽어가는 것, 그것이 바로 삶이다. 삶을 읽다니, 그게 무슨 말인가 싶은가? 하지만, 찬찬히 생각해보자. 이 세상과 삶은 단순한 물질 덩어리이거나 물리적인 활동이 아니다. 이 세상과 삶은 온통 뜻 덩어리다. 진리로 가득한 로고스의 세계다. 이 세상과 삶이야말로 진짜 책이다. 깊이 응시하고 찬찬히 읽어가지 않으면 그 속살을 이해할 수 없는 진정한 책이 바로 삶이다. 내가 보기에 삶보다 더 깊고 오묘하며 위대한 책은 없다. 삶이야말로 최고의 책이다. 그래서 산다는 것은 읽기이어야 한다. 찬찬히 깊게 읽어가는 것, 그것이 삶이고 삶이어야 한다. 읽지 않는 것은 삶이 아니다. 읽지 않고 사는 것은 삶 아닌 삶, 삶을 떠난 삶, 죽음을 사는 것일 뿐 삶은 아니다. 삶은 로고스이고, 로고스를 읽어가는 것이 삶이다.

오늘 우리의 삶은 어떤가? 과연 로고스를 읽어가며 살고 있는가? 세계와 삶을 찬찬히 읽어가며 살고 있는가? 아마도 대부분 그러지 못할 것이다. 눈앞의 성취에 붙잡혀 사느라, 인생이라는 창고에 이것저것을 쌓느라 삶이라는 위대한 책을 읽지 못할 것이다. 1등이 아니면 살아남기 어려운 세상, 거대 자본의 힘에 밀려 먹고 살기도 어려운 세상을 살아가느라 삶이라는 오묘의 로고스까지 읽을 여유가 없을 것이다. 또 '삶을 읽는다고 밥이 나오느냐?'는 현실적 인식에 갇혀 있을지도 모른다. 일차적인 눈으로 보면 삶을 읽는다고 밥이 나오는 것은 아니니까 말이다. 옳다. 하지만, 예수님께서 사람이 밥으로만 사는 것이 아니라 하나님의 입에서 나오는 모든 말씀으로 살아야 한다^{마4:4}고 말씀하신 것은 밥만이 삶의 힘은 아니라는 얘기를 하신 것이다. 삶을 이끌어가는 진정한 힘은 밥보다는 읽음에서 나온다는 얘기를 하신 것이다. 세상과 삶의 속살을 읽어야 생활의 장막에 갇히지 않을 수 있고, 생활이 삶을 삼키는 비참한 일이 벌어지지 않을 수 있다는 얘기를 하신 것이다.

그렇다. 삶을 읽는다고 해서 밥이 나오는 것은 아니다. 하지만, 세계와 삶을 깊이 읽으면 밥 이상의 에너지가 나온다. 삶의 속살을 볼 수 있는 눈이 열리고, 하늘과 바람을 인해 감사할 수 있는 진정한 능력이 생긴다. 바람처럼 스쳐 지나가는 것이긴 하나 삶의 실체를 맛보는 은총이 임한다. 그러니 삶을 읽는 것이 어떻게 헛된 일이겠는가? 삶을 읽는 것이 어떻게 밥 이후의 문제이겠는가? 삶을 읽는 것이 어떻게 생존만큼이나 급박하고 중차대한 생명의 과제가 아닐 수 있겠는가?

삶의 진실이 이러함에도, 사람은 삶을 읽는 일에 게으르다. 생존을 위해서는 전력을 기울이면서도 삶을 읽는 일에는 한없이 게으르다. 왜일까? 아마 눈앞의 성취와 인생의 창고를 채우는 재미에 빠져 있기 때문일 게다. 시시각각 변하는 생활과 정보를 좇아가느라 허덕여서일지도 모르고, 아예 관심이 없어서일지도 모른다. 그도 아니라면, 모든 눈이 영상의 지배를 받는 시대라서 온통 눈에 보이는 것만 좇아갈 뿐 눈에 보이지 않는 것에는 관심이 없어서일지도 모르겠다. 아무튼, 우리는 지금 생활과 경쟁에 갇혀서 삶의 지평을 열어볼 기회조차 얻지 못한 채 위대한 삶을 소진하고 있다. 눈에 보이는 것을 제대로 보려면 눈에 보이지 않는 것을 보아야 하는데, 안타깝게도 눈에 보이는 것만 좇고 있다. 물론 결과가 전혀 없는 건 아니다. 눈에 보이는 많은 것을 성취하기는 했다. 어느 정도는 재물을 쌓기도 했고, 성공의 잔을 들기도 했다. 생활이 고급스러워지고 풍요해지기도 했다. 하지만, 삶은 쓸쓸해졌고 천박해졌다. 커진 파이를 누가 더 많이 차지하느냐 하는 고래 싸움에 새우등만 터지고 있다.

다시 한 번 말하는 것을 양해해 주기 바란다. 삶은 소유할 수 있는 그 무엇이 아니다. 쌓을 수 있는 그 무엇이 아니다. 삶은 로고스 덩어리다. 삶은 깊이 읽어야 할 최고의 책이다. 삶은 읽어가는 길이다. 삶은 '읽음' 그 자체다. 그리고 삶을 제대로 읽으려면 다음에 열거하는 몇 가지가 준비되어야 한다. 맑고 투명한 마음. 호기심 가득한 눈. 자세히 들여다볼 수 있는 현미경. 전체를 조망할 수 있는 망원경. 깊이를 들여다보기 위한 머묾. 높이를 품기 위한 영성. 그 무엇에도 삶을 빼앗기지 않겠다는 결기. 깨어 있음. 이런 것들이 준비되어 있을 때 우리는 비로소 하늘을 통해 땅을 볼 수 있다. 내가 피조물임을 기억할 수 있다. 배우고 또 배울 수 있다. 삶의 지평을 넓힐 수 있다. 작고 소박한 생활을 할 수 있다. 긍정의 눈을 뜰 수 있다. 자유에의 역량을 키울 수 있다. 비교하지 않을 수 있다. 죽음과 고통의 현실을 대면할 수 있다. 지금 여기에 집중할 수 있다. 죽음과 삶의 역설을 살아낼 수 있다. 그리고 이런 시선을 잃지 않을 때 비로소 우리는 창조주께서 이 땅에 펼쳐놓은 행복과 입맞출 수 있다. 우리의 인생길이 행복한 소풍길일 수 있다.

다시 한 번 예수님의 삶을 보자. 예수님은 하늘 아버지와의 소통을 즐겼다. 하늘 아버지의 뜻을 일용할 양식으로 먹고 마시며 살았다. 그분은 만나는 이들을 사랑으로 품으며 저들의 고통을 끌어안았다. 질병의 고통에 시달리는 자들이 건강하게 살 수 있도록 온 정성을 쏟아 치유했다. 어둠의 영에 붙들려 삶 아닌 삶을 사는 자들을 자유하게 해주었다. 누구와도 경쟁하지 않았다. 세상 풍속에도 매이지 않았고, 소유와 성공에도 매이지 않았다. 오직 하늘을 통해 땅을 보았다. 그리고 사람들도 그렇게 볼 수 있도록 하나님나라의 복음을 가르치는 데 집중했다. 그랬다. 예수님의 삶은 한 마디로 삶 그 자체였다. 그분의 삶은 온통 삶이기만 했다. 그래서 그분의 삶은 행복으로 충만했다.

물론 그분의 삶에도 고난이 있었다. 내적 갈등이 있었다. 상처와 분노가 있었다. 고독이 있었다. 육체적인 아픔이 있었다. 배고픔이 있었다. 세상의 저주 아래에 갇히는 슬픔이 있었다. 하지만, 이 모든 것에도 그분의 삶은 행복이었다. 그분의 삶은 의도하지 않았지만 성공했고, 의도하지 않았지만 부요했고, 의도하지 않았지만 행복했다. 아니다. 처절한 실패에도 성공했고, 아무것도 소유하지 못했음에도 부요했고, 세상의 어둠과 싸웠음에도 밝았다. 그분은 삶 아닌 것을 취한 적이 없었다. 그분은 삶을 삶 이외의 것에 빼앗기지 않은 지극히 예외적인 분이었다. 바로 그것이 그분의 기이함이다. 그분과 우리 사이의 근본적인 차이다.

신학자 몰트만은 예수의 그런 삶에 대해 말하기를 "예수의 삶을 지배한 것은 하늘에서 누릴 고통 없는 삶에 대한 동경이 아니라 차안에서의 하나님나라에 대한, 사랑에 대한 동경이다. 죽음 다음에 올 생명에의 소망이 아니라 죽음 앞에서 죽음을 대항하여 이루어지는 삶을 향한 의지이다. … 예수의 삶의 특징은 피안에서의 위로나 미래만을 향한 소망이 아니라 인간이 되심, 성육신, 삶의 치유, 소외된 자의 수용, 그리고 인간 상호 간의 마비된 관계를 다시 소생시키는 데에 있다"고 했고, 또 "삶에 대한 그분의 열정 속에서 하나님 자신의 열정이, 삶을 원하고 죽음에 대적되는, 자유를 원하고 노예 됨을 싫어하시며, 사랑을 원하고 무관심을 알지 못하는 하나님의 열정이 나타난다"「새로운 삶의 길」고 했다. 그렇다. 예수님의 삶에 나타나는 최고의 특징은 생명과 삶에 대한 뜨거운 사랑이었다. 생명과 삶에 대한 열정적인 긍정과 생명과 삶을 일그러뜨리고 짓밟는 것에 대한 열정적인 저항이 그분의 삶에 나타나는 최고의 특징이었다. 예수님은 진실로 생명 중심주의자였다. 삶 중심주의자였다. 그랬기에 그분의 삶은 진정 행복일 수 있었다.

이야기를 마치며 나는 소망한다. 어린 아이처럼 꿈꾼다. 이 시
대 모든 이들이 예수님처럼 생명 중심주의자이기를. 이 시대 모든
이들이 예수님처럼 삶 중심주의자이기를.

예수의 삶을 지배한 것은 하늘에서 누릴

고통 없는 삶에 대한 동경이 아니라

차 안에서의 하나님나라에 대한, 사랑에 대한 동경이다.

죽음 다음에 올 생명에의 소망이 아니라

죽음 앞에서 죽음을 대항하여 이루어지는 삶을 향한 의지이다.

… 예수의 삶의 특징은 피안에서의 위로나 미래만을 향한 소망이 아니라

인간이 되심, 성육신, 삶의 치유, 소외된 자의 수용,

그리고 인간 상호 간의 마비된 관계를 다시 소생시키는 데에 있다.

| 몰트만 |

행복을
살다